이것도
산재예요?

이것도
산재예요?

✚

회사 때문에
아픈지도 모르고
일하는 당신에게

✚

노동건강연대 글

보리

1부 | 이것도 산재예요?

3부 | 산재보상 신청하기 실전

4부 | 산재보험 더 넓게 더 쉽게

1부

이것도
산재예요?

✚

우리는 많은 시간을 직장에서 보냅니다. 2021년 기준, 한국의 노동자는 연간 1,928시간을 일해요. OECD의 다른 나라 노동자들보다 10일 하고도 20시간(260시간)을 더 일한다고 합니다. 이렇게 오랜 시간 직장에서 시간을 보내는데도 우리는 일하다가 병이 생기거나 다칠 때 '일 때문'이라고 생각하지 않습니다. '산업재해'라고 하면 누군가가 죽는 큰 사고를 가장 먼저 떠올리고, 일상에서 일 때문에 생긴 건강 문제에 대해선 '이것도 산재예요?'라며 의아해하죠. 내가 하는 일과 내 건강은 끈끈하게 이어져 있어요. 사회 분위기와 인식에 가려진 탓에 연결 고리가 보이지 않았던 것뿐이지요. 우리는 일과 건강, 이 두 가지를 연결 짓는 연습이 필요해요. '노동'과 '건강'은 어떻게 이어져 있을까요? 도대체 어디서부터 어디까지가 산업재해인 것일까요?

1 일하다 보니 여기저기 아프다

1) 여드름부터 코로나19까지 모두 산업재해

여드름이 직업병이 될 수 있다는 이야기를 들은 적이 있나요? 회사에 들어간 뒤로 생긴 성인 여드름을 달고 살던 노동자가 있었습니다. 이직할 기회가 생겨 회사를 옮겼는데, 얼마 뒤 여드름이 사라졌어요. 괜찮아진 까닭이 뭔지 생각하다가 전에 일하던 회사 사무실의 업무 환경을 떠올렸죠. 사무실은 종이와 포장재가 가득 들어차 있고, 하루 종일 커다란 인쇄기가 돌아가는 공간이었습니다. 사계절 내내 먼지가 많고 건조했던 것이 떠오르자, '아, 회사의 업무 환경 때문에 여드름이 생겼던 거구나' 하고 생각되었다고 해요. 이처럼 '직업병'의 폭은 여러분 생각보다 넓을 수 있습니다.

여드름뿐만 아니라 빈혈, 우울증처럼 우리에게 익숙한 병명이 '직업병'이란 이름으로 많이 오르내립니다. 세계를 혼란에 빠트린 코로나19도 직업병이 될 수 있어요. 의료 기관에서 일하는 사람들뿐만 아니라, 환기가 안 되고 밀집된 공간에서 일하는 사람들, 돌봄 노동을 하는 사람들이 코로나19에 많이 감염되었죠. 직장에서 일하다가 코로나19에 감염된 사람들이 실제로는 훨씬 더 많을 거예요.

텔레비전을 보다가, 사람들과 이야기를 하다가 가끔 "그거 직업병 아니야?" "이거 산재 아니야?" 같은 말을 할 때가 있어요. 예능 프로그램에서 출연자가 넘어지거나 다치면 자막에도 심심찮게 '산재'라는 단어가 나옵니다. '산업재해'라는 말이 일상에서 흔히 쓰이는 데 반해, 산업재해가 정확히 무엇인지는 아는 사람이 별로 없고, '산재보험'이나 '산재보상 신청'이라는 말도 낯설기만 하죠. '산재'나 '산재보상'이 무엇인지, 어떤 상황에서 산재보상 신청을 할 수 있는지, 어떤 병이 직업병인지, 누가 제대로 알려 준 적도 없고 둘레에서 실제로 신청하는 사람을 본 적도 없으니 어려울 수밖에요.

일 때문에 다치거나 아프면 말하기 힘든 분위기가 됩니

tvN 예능 프로그램 〈신서유기〉

다. "다들 괜찮은데 왜 유난 떠느냐" "네가 잘못해서 다친 거다" 같은 말들로 사장과 동료가 다그치는 것 같아요. 회사에 피해를 끼치는 사람이 된 것만 같은 기분은 노동자를 더 움츠러들게 합니다. 산재는 노동자의 잘못이라는 무의식이 한국 사회에 퍼져 있고, 노동자 스스로도 여기에 길들여졌다고 할 수 있겠습니다. 한국 사회에서 일 때문에 다치거나 병을 얻은 노동자 10명 중 7명은 개인 건강보험으로 병을 치료하고, 3명 정도만 산재보상을 신청한다는 연구 결과도 있습니다. 그래서인지 실제로 산재보상을 신청한 사람을 찾아보기는 매우 어렵습니다.

2) 하는 일이 건강에 영향을 미친다

2022년 1월 기준, 대한민국 경제활동인구는 2,809만 6,000명입니다. 이렇게 많은 사람이 어딘가에서 일하며 월급을 받거나, 영업이나 사업을 하며 돈을 법니다. 일의 종류가 세분화되고, 직업이 다양해지면서 누가 노동자를 고용한 건지 뚜렷하지 않은 직업도 많습니다. 사장 얼굴 한 번본 적 없이 스마트폰 앱으로 일감을 받는 시대니까요. 《한국직업사전》에 수록된 직업 수는 1만 2,823개에 이릅니다. 당신은 지금 어떤 일을 하고 있나요?

앞에서 이야기한 여드름을 달고 살던 노동자가 옮긴 회사는 작은 여행사입니다. 하루에 아홉 시간씩 책상에 앉아여행 프로그램을 기획하고, 서류를 정리하고, 여러 가지 문의 전화와 메시지에 답하는 일을 했어요. 새로운 여행 프로그램을 기획할 때면 전국 어디든 직접 운전해서 출장도 갔습니다. 그랬더니 여드름은 사라졌지만, 다른 문제가 생겼어요. 일단 오래 앉아 있으니 다리가 자주 부었고, 컴퓨터작업 때문에 어깨랑 목이 늘 아팠어요. 여행을 떠나는 당일에 예약을 취소하거나 환불해 달라며 억지를 부리는 고객한테 전화를 받을 때면 신경이 곤두서서 두통에 시달리게되었습니다.

일을 하면서 몸에 생기는 좋지 않은 징후들이 병이 되면, 우리는 그걸 '산업재해' 혹은 '노동재해'라고 말합니다. 이 책에서는 '산재'라고 부를게요. 사고가 일어나 다쳐도 산재이고, 오랜 시간에 걸쳐 서서히 나빠져 병에 걸려도 산재입니다. 예를 들어 장거리 운전을 하다가 교통사고를 당해 갈비뼈가 부러지면 산재 가운데서도 '업무상 사고'에 해당하고, 컴퓨터 작업을 많이 해서 손목 터널 증후군 진단을 받으면 '업무상 질병'에 해당해요. 사고든 질병이든 모두 산재이고, 산재에 대해 '산재보험'으로 보험급여를 받을 수 있게 해달라고 신청하는 걸 '산재보상 신청'이라고 합니다. '산재 신청' '산재보험 신청'이라고도 말해요. 우선 산재부터 이야기할게요.

당신이 카페에서 일한다면, 일하는 내내 서서 짧은 동선을 반복해서 왔다 갔다 하며 주문을 받고, 음료를 만들고, 손님을 응대할 거예요. 오래 서서 하는 일은 발을 아프게하고, 하지 정맥류를 일으키기도 해요. 커피를 내리다가 뜨거운 스팀에 화상을 입기도 하고, 진상 고객을 만나면 스트레스를 받을 수도 있습니다. 식당이나 디저트 가게도 상황은 비슷하겠죠? 일하는 환경이 닮았으니 같은 직종에서 일하는 사람들은 비슷한 건강 문제를 겪을 것입니다.

또 다른 사례를 들어 볼게요. 2016년 11월, 〈넷마블〉 계열사인 〈넷마블네오〉에서 게임개발자로 일하던 20대 노동자가 급성 심근경색으로 사망한 일이 있었습니다. 익명으로 운영하는 '블라인드' 앱에 누군가가 사망 사실을 올렸지만 그 게시물은 곧 사라졌습니다. 회사 관리자들이 블라인드 앱에 올라오는 글을 감시한다는 소문이 퍼져 나갔죠. 이 소식을 접한 〈노동건강연대〉는 11월 22일부터 26일 자정까지 〈넷마블〉 노동자들을 대상으로 온라인 설문 조사를 했습니다. 설문 조사 제목은 "구로의 등대에서 일하는 당신의 노동조건을 알려 주세요"였어요. '구로의 등대'는 구로디지털단지에 위치한 넷마블 사옥이 밤에도 불이 꺼지지 않는 모습 때문에 붙은 이름입니다.

전, 현직 노동자 545명이 설문 조사에 답했는데, '최장 연속 근무시간'에 대한 답변 결과가 매우 놀라웠어요. 전체 응답자 가운데 165명(30.2%)이 '36시간 이상' 일했다고 답했고, 그중에서 '52시간 이상' 연속으로 일한 적 있는 사람도 74명(13.5%)이나 됩니다. 앞서 심근경색으로 사망한 노동자도 쓰러지기 4주 전에는 주당 78시간을, 7주 전에는 89시간을 일했다고 해요. 장시간 노동이 잦은 노동환경이었던 거죠.

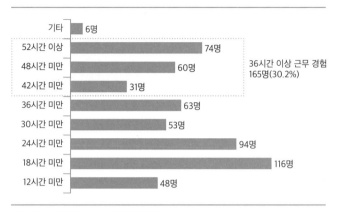

설문 문항 중 '최장 연속 근무시간' 답변 결과

퇴근하지 못하고 회사에 가장 오래 있었던 시간을 물어보자고 제안한 사람은 〈노동건강연대〉에 이 사망 사건을 제보한 게임개발자였습니다. "제가 일주일 동안 집에 못 가고 일하다가 회사 화장실에서 쓰러진 적이 있어요. 회사에서 몇 시간까지 있어 봤는지 물어보면 어떨까요?"라는 말에 반신반의하며 넣은 질문이었는데, 이와 같은 경험을 한 노동자들이 많았던 거예요.

회사의 노동환경이 노동자의 건강에 영향을 미친다는 걸 적나라하게 보여 주는 사건입니다.

3) 서서히 병들기도 하고 갑자기 아플 수도 있네

학교에서 좋아하는 반찬이 나오는 날, 점심시간만 기다려 본 기억이 있나요? 급식을 만들어 주던 분들도요. 학교마다 '아주머니' 또는 '조리 선생님'처럼 여러 이름으로 불렀을 텐데, 이분들 이야기를 해 보겠습니다.

학생에게 급식실은 밥을 먹는 곳이지만, 급식조리 노동자에게는 일하는 공간이에요. 일하는 사람의 관점에서 바라보면 학교 급식실은 생각보다 위험합니다. 이미 여러 차례 사고가 일어나서 언론에 보도되기도 했죠. 조리 기구인 가스 솥에서 일산화탄소 가스가 배출되어 급식조리 노동자가 가스에 중독돼 병원에 실려 가기도 하고, 늘 물에 젖어 미끄러운 조리실 바닥에서 넘어져 다치기도 하고, 많은 양을 한번에 조리하다 발생하는 뜨거운 기름 증기 때문에 호흡기 질환에 걸리기도 합니다. 수백 명이 먹을 음식 재료를 다듬고 조리하는 과정에서 팔과 어깨 근육을 많이 사용하기 때문에 근육통에 시달리는 사람도 많아요.

2018년, 경기도 수원의 한 중학교에서 십 년 넘게 일하던 급식조리 노동자 이연희(가명) 씨가 폐암에 걸려 사망하는 일이 있었어요. 유족은 연희 씨가 왜 폐암에 걸렸는지 알 수 없어 답답해하다가, 음식 만드는 일이 원인일 수도 있겠다고 생각했어요. 열심히 자료를 찾아보고, 노동조합에 물어본 결과, 고온으로 음식을 조리하는 과정에서 생기는 '조리흄cooking fumes'이라는 유해 물질이 폐암 발생률을 높인다는 사실을 알게 되었지요. 연희 씨는 급식실에서 일하면서 숨 쉴 때마다 이 물질을 계속 들이마셨을 거예요. 실제로 조리흄이 폐암과 관계 있다는 조사 결과가 나오면서 2021년 2월, 이연희 씨의 사망은 '산재'로 인정되었습니다.

2021년 6월 〈전국학교비정규직노동조합〉에서 급식조리 노동자 5,365명을 대상으로 실태 조사를 벌인 결과, 189명(3.5%)이 급식실에서 일을 시작한 뒤에 폐암을 진단받았다고 해요. 급식조리 노동자의 폐암 발병률이 일반 집단보다 18퍼센트포인트 정도 높게 나타났어요. 그 뒤 폐암을 앓던 노동자 40여 명이 산재보상을 신청해 산재로 인정받은 분들도 있고, 조사가 진행중인 분들도 있습니다.

암처럼 오랜 기간 일해서 생기는 직업병이 있는가 하면, 갑자기 생기는 직업병도 있습니다. 여러 가지 유해 물질에 '급성중독'이 대표 사례입니다. 2016년 1월, 서울의 한 대학병원 응급실에 한 명의 노동자가 실려 왔습니다. 이 사람은 심한 몸살을 앓다가, 갑자기 앞이 보이지 않아서 응급실로 왔어요. 의료진이 원인을 찾지 못해 당황하던 중, 어떤 의사가 이 사람에게 무슨 일을 하는지 물었습니다. 그는 스마트폰 부품 공장에서 부품을 씻어 내는 일을 했어요. 부품을 씻는 기계에서 뿜어져 나오는 '메탄올'에 급성중독된 상태라는 게 밝혀졌습니다. 정교한 부품을 생산할 때는 여러 가지 이물질을 씻어 내려고 메탄올이나 에탄올을 사용합니다. 메탄올이 더 싸지만, 메탄올은 호흡기로 들이마시거나 피부에 닿으면 망막신경과 중추신경을 망가뜨리기 때문에 보통은 에탄올을 사용하죠. 그런데도 그가 일하던 공장에서는 '값이 싸다'는 까닭만으로 메탄올을 사용했던 거예요.

그가 일하던 공장은 한겨울이면 공장 문을 꽁꽁 닫아 두고 기계를 돌렸습니다. 환기도 되지 않는 공간에서 하루 종일 메탄올로 부품을 씻어 내던 노동자가 쓰러질 수밖에 없는 환경이었지요. 당시 인천과 경기도 부천의 공업단지에서는 값이 싸서 메탄올을 쓰는 공장이 많았습니다. 〈노동건강연대〉가 다른 피해자를 온갖 방법으로 찾은 결과, 세 군데 공장에서 노동자 여섯 명이 메탄올 급성중독으로 쓰러져 시력을 잃었다는 사실을 알게 되었습니다. 그 가운데는 일을 한 지 닷새 만에 쓰러진 노동자도 있었습니다.

'학교 급식조리실'과 '폐암'처럼 언뜻 생각하면 전혀 관련이 없어 보이지만, 자세히 따져 보면 연결 고리가 있는 경우가 많습니다. 또한 메탄올 급성중독 사건에서 알 수 있듯이, 그 사람이 어떤 일을 하는지 알아야만 병의 원인을 밝힐 수 있기도 해요. 사람이 병에 걸렸다면, 그 사람이 어떤 일을 하고 있는지, 직업이 무엇이었는지 짚어 보고 연관성을 찾아보는 게 좋습니다.

4) 아픈 데가 비슷해

직업이 같은 사람들, 유사 업종에서 일하는 사람들이 모여서 이야기하다 보면 서로 통하는 구석이 있습니다. 일할 때 습관, 힘든 순간, 보람을 느끼는 순간이 비슷할 때가 많아요. 어쩌면 같은 병으로 치료받고 있을 수도 있고요. 택배 상하차 일을 한 사람들은 온몸에 근육통을 앓고, 예식장 뷔페에서 서빙을 한 사람들은 종아리가 퉁퉁 붓는 것처럼 말이에요. 헤어 디자이너라면 독한 약품 때문에 손이나 팔에 생긴 피부염증에 시달리는 경우가 많고, 안내 데스크처럼 고정된 자리를 지켜야 하는 서비스 노동자라면 화장실을 마음대로 갈 수 없어서 방광염에 걸리기도 합니다.

「산업재해보상보험법」(줄여서 「산재보험법」)에는 일을 하면서 위험하거나 몸에 나쁜 영향을 주는 요인과, 그에 따라서 어떤 질병이 발생할 수 있는지 정리해 놓은 표가 있어요. 내가 지금 일하는 업종 또는 앞으로 일하고 싶은 업종에서 생길 수 있는 직업병이 궁금하다면, 「산재보험법 시행령」 별표 3 '업무상 질병에 대한 구체적인 인정 기준'을 찾아보기 바랍니다. 물론, 시행령에 나와 있는 질병만 산업재해로 인정하는 건 아니에요. 시행령에 나와 있지 않더라도, '내가 하는 일 때문에 이런 병이 생겼다'는 연관성이 인정되면 산재보상을 받을 수 있어요.

이 책에서는 '피부 질병' 가운데 일부만 예시로 살펴볼게요. 아래 내용을 보면 피부에 영향을 주는 위험한 작업환경이 무엇인지 알 수 있어요. 그밖에 심장, 근골격계, 호흡기 따위 여러 질병도 이런 식으로 정리되어 있습니다.

※ 「산재보험법 시행령」 별표 3 업무상 질병에 대한 구체적인 인정 기준

---

6. 피부 질병

바. 덥고 뜨거운 장소에서 하는 업무 또는 고열물체를 취급하는 업무로 발생한 땀띠 또는 화상

사. 춥고 차가운 장소에서 하는 업무 또는 저온물체를 취급하는

업무로 발생한 동창(凍瘡) 또는 동상

아. 햇빛에 노출되는 옥외작업으로 발생한 일광화상, 만성 광선피
부염 또는 광선각화증(光線角化症)

자. 전리방사선(물질을 통과할 때 이온화를 일으키는 방사선)에 노출되
어 발생한 피부궤양 또는 방사선피부염

바 항목에서 말하는 '덥고 뜨거운 장소에서 하는 업무'를
하는 노동자는 누가 있을까요? 한여름에 야외 작업을 하는
건설 노동자가 생각나네요. 사 항목에서 말하는 '춥고 차가
운 장소에서 하는 업무'를 하는 노동자라면 물류창고에서
냉장, 냉동 식품을 관리하고 포장하는 노동자가 있을 테고
요. 자 항목에 있는 '전리방사선에 노출'이라는 내용을 보고
누구를 떠올렸나요? 병원에서 엑스레이X-Ray를 찍는 노동자
를 떠올렸다면 정답입니다.

현재 하고 있는 일 또는 앞으로 하고 싶은 일에서 내가 겪
게 될 건강 문제는 무엇이 있을까요? 천천히 살펴보겠습니다.

2

이런 병도 산재라니
질환 열 가지 살펴보기

일하는 사람이라면 누구에게나 자기 몸에 일한 흔적이 남아요. 간단한 단기 아르바이트부터 장시간 노동에 이르기까지 일의 유형을 가리지 않죠. 지병이 있더라도 내가 하는 일이 원인이 되어 그 병이 더 심해지면 그것 또한 산재예요. 이를테면, 천식이 있었는데 제빵사로 일하면서 밀가루 때문에 천식이 더 심해졌다면 산재입니다. 우울증을 앓고 있는데 실적 압박이 너무 심해서 우울증이 더 심해졌다면 마찬가지로 산재에 해당합니다. 일하지 않았더라면 나빠지지도 않았을 테니까요. 앞으로 살펴볼 열 가지 질환을 보면서, '아, 이런 환경이 나를 아프게 했을 수도 있구나' 하고 생각하는 연습을 해 보면 좋습니다.

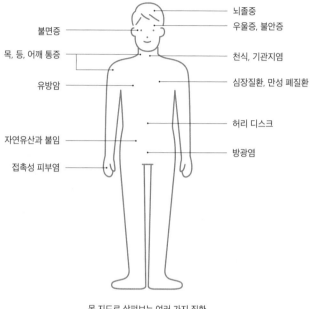

불면증

목, 등, 어깨 통증

유방암

자연유산과 불임

접촉성 피부염

뇌졸중

우울증, 불안증

천식, 기관지염

심장질환, 만성 폐질환

허리 디스크

방광염

몸 지도로 살펴보는 여러 가지 질환

1) 자연유산과 불임

직장에서 화학물질이나 방사선 들에 노출되어 불임이 되거나 자연유산이 되면 직업병일 가능성이 높습니다. 장시간 노동, 야간 노동을 포함한 교대 근무, 무거운 물건 들기, 오랜 시간 서서 하는 작업, 육체적 중노동을 하다 자연유산되면 이것도 직업병일 가능성이 높아요. 자연유산은 여성들이 겪는 아주 흔한 질병이지만, 여성 건강에 상대적으로 무관심하다 보니 실제 직업병으로 인정되는 경우는 드물어요. 2016년부터 2020년까지 5년 동안 유산을 경험한 여성은 45만 8,417명에 달하지만, 같은 기간 유산이 산업재해로 인정된 것은 3건뿐이었습니다.

2) 방광염

방광염은 소변 보는 길에 살고 있는 세균이 방광에 들어와 생기는 질환입니다. 오줌소태라고 부르기도 해요. 여성의 절반 이상이 살다가 한 번쯤은 방광염을 앓아요. 너무 바빠서 화장실 갈 시간도 없이 일하면서 물도 안 마시고 소변을 참다가 방광염에 걸리는 여성 노동자들이 흔하지요. 특히 남성들이 많은 작업장에서는 성별로 분리된 화장실이 적거나 거의 없어서 여성 노동자들이 소변을 참다가 걸리기도 합니다.

3) 허리 통증과 허리 디스크

누구나 한번은 심한 허리 통증을 경험합니다. 대부분은 허리 주변 인대나 근육이 늘어나거나, 부분적으로 찢어지는 염좌에 해당해요. 무거운 물건을 갑자기 들어올리거나, 좋지 않은 자세에서 허리에 갑자기 힘을 주거나 허리를 비틀었을 때 염좌가 생겨요. 이런 염좌가 만성이 되면 흔히 허리 디스크라고 말하는 추간판 탈출증이 되지요. 허리 통증은 별것 아닌 것 같지만 우리나라는 물론 전 세계에서 직업성 질환 중 가장 흔히 발생하는 질병입니다.

4) 목, 등, 어깨 통증

사무실에서 컴퓨터로 일을 하는 노동자들이 많아요. 오랜 시간 올바르지 않은 자세로 일하다가 목, 등, 어깨에 심한 통증을 느끼는 이들이 많습니다. 사무직이나 IT 노동자, 디자이너들이 키보드나 마우스를 장시간 사용하면 손목에 통증이 생겨서 고생하기도 하죠. 같은 동작을 되풀이하는 작업을 할 때도 이런 통증이 생깁니다. 대부분 특별한 치료를 하지 않아도 나을 수 있지만, 만성이 되어 끊임없이 통증이 재발한다면 심각한 고통에 시달리기도 해요.

5) 접촉성 피부염

일하면서 피부 트러블에 시달리는 사람들이 아주 많은데요, 피부병을 대수롭지 않게 여기는 사회 분위기 때문에 이를 직업병이라고 얘기하기 어렵습니다. 접촉성 피부염은 일하면서 접촉하는 물질이나 작업환경 때문에 피부에 두드러기가 나거나 피부가 가려운 질환을 말합니다. 아무런 문제가 없다가 직업과 업무 환경 때문에 이런 증상이 생긴다면 직업병입니다. 또 아토피처럼 평소 알레르기 질환을 가진 사람이 직업 때문에 더 나빠져도 직업병이에요.

6) 천식, 기관지염, 만성 폐질환

일하다가 기관지를 자극하는 물질에 노출되거나 먼지 따위를 많이 마셔 천식, 기관지염, 만성 폐질환에 걸리게 되면 직업병으로 인정됩니다. 과거에는 석탄 먼지, 석면, 모래 먼지 들에 노출되어 걸리는 이들이 많았어요. 요즘은 대기오염이 심해지면서 오랜 시간 미세먼지, 초미세먼지에 노출되어 만성 폐질환에 걸리는 이들도 늘어났어요. 화학물질뿐 아니라 곡물 먼지나 빵가루 때문에 천식이 생기거나 기관지 질환이 더 나빠지는 경우도 있어요.

7) 심장질환, 뇌졸중

장시간 노동, 야간 노동을 포함한 교대 근무, 높은 스트레스, 추운 환경에서 오랫동안 일하는 것이 원인이 되어 협심증, 심근경색 같은 심장질환과 뇌경색, 뇌출혈 같은 뇌혈관질환이 발생할 수 있어요. 보통 이런 병은 고혈압, 당뇨병, 고지혈증 따위 만성질환이 있는 사람들이 잘 걸리는데, 이러한 질환이 없는 사람들도 걸리는 경우가 있습니다. 우리나라에서는 만성질환이 없는 사람이 갑자기 심장질환이나 뇌졸중으로 사망하면 흔히 '과로사'라고 부르기도 합니다.

8) 유방암

자궁경부암과 더불어 여성에게 흔히 생기는 암입니다. 암이 발병하는 데는 유전적 요인이 높은 것으로 알려져 있지만, 직업성 요인 때문에 암에 걸리기도 해요. 의료기관에서 방사선을 다루는 직업이나, 제조업 생산직, 간호사 같은 보건의료 직종, 서비스업들에서 이루어지는 야간 노동과 교대 근무, 농업인들이 다루는 농약과 다양한 화학물질이 유방암을 일으키는 것으로 알려져 있습니다.

9) 불면증

현대인들은 여러 가지 요인들로 불면증을 겪어요. 잠에 잘 들지 못하거나 자다가 중간에 깨서 잠을 충분히 자지 못하면 불면증일 가능성이 높습니다. 야간 노동을 포함한 교대 근무를 하는 노동자들에게 흔하게 나타나요. 또 업무 때문에 스트레스를 많이 받으면 잠을 잘 이루지 못할 때가 많습니다. 불면증은 삶의 질을 떨어뜨리면서, 심혈관계질환, 위장질환, 근골격계질환처럼 다른 질환에 걸리게 할 가능성을 높이기 때문에 더 위험해요.

10) 우울증, 불안증, 자살

어느 나라에서나 정신질환에 대해서는 편견이 심해 이를 감추거나 무시하는 경우가 많습니다. 하지만 정신질환은 아주 흔해요. 또 정신질환을 앓는 사람들은 매우 큰 고통을 겪습니다. 직업 요인으로 발생하거나 악화되는 정신질환은 외상 후 스트레스 장애PTSD, 우울증, 불안증 들이 있어요. 직장에서 정신적으로 충격을 받는 일을 겪었거나, 스트레스가 높은 일을 맡아 하다가, 직장 내 괴롭힘을 당하다가, 이런 질환에 걸리면 직업병으로 인정을 받습니다. 정신질환에 오랫동안 시달리다가 스스로 극단적인 선택을 한다면 이러한 자살도 직업병으로 인정됩니다.

우리 사회는 노동자가 '직업병'을 이야기할 때마다 일단 "아니"라며 손사래를 쳤어요. 노동조건, 작업환경, 기업의 조직 문화 같은 것을 알아보지도 않은 채, 아픈 노동자가 유별난 것처럼 대했습니다. 노동자들이 직장에서 권리를 주장하면 회사에 손해를 끼치는 것처럼 생각하고, 건강관리는 노동자가 알아서 해야 한다고 생각해 왔죠.

회사가 법이 정한 최소한의 기준을 지켜 산재가 일어나지 않게 해야 한다는 인식은 그리 높지 않았습니다. 산재가 일어나 노동자가 다치거나 아프면 작업환경을 제대로 바꾸어야겠다고 생각하는 것이 아니라 '다른 사람 뽑으면 된다' '일할 사람은 많다'고 생각하는 기업이 많습니다.

하지만 기업이 노동자의 인권을 보호하고 건강을 해치지 않는 노동환경을 제공하는 것은 기업이 지켜야 할 기본 중의 기본입니다. 「근로기준법」과 「산업안전보건법」은 노동조건 가운데 '이것만은 어기지 말아야 한다'는 최저선입니다. 사용자가 노동자에게 신체적, 정신적 고통을 주면 안 된다는 것부터, 안전과 건강을 해치지 않도록 적정한 환경을 유지해야 한다고 정해 놓았어요. 작든 크든 기업을 운영하려면, 노동자의 인권도 지켜야 한다는 상식이 필수겠죠.

지금까지 '병'을 중심으로 산재를 알아봤다면, 이어서 '직업'을 중심으로 노동자가 겪을 수 있는 산재에는 무엇이 있는지 알아보겠습니다.

3

이런 직업 이런 산재
직업 열 가지 살펴보기

1) 편의점 노동자

편의점 노동자는 계산 업무와 고객 응대, 청소 업무를 동시에 합니다. 배송받은 물건과 폐기물 정리, 재고 점검도 주요 업무이죠. 대부분 혼자서 일하기 때문에 노동강도가 높습니다. 손님이 계산하면서 카드나 동전을 던지거나 모욕적인 말을 하더라도 친절해야 하니 마음이 힘들 때도 있습니다. 음식을 먹고 치우지 않는 손님들도 있고요.

편의점에서 가장 위험한 시간은 한밤중일 텐데요. 대부분 별일 없이 지나가지만, 폭언, 폭행, 기물손괴 따위 사건이 벌어져 경찰이 출동할 때도 있습니다. 2017년 〈아르바이트노동조합〉과 국회 환경노동위원회 서형수 의원이 편의점 아르바이트 노동자 402명을 대상으로 실시한 설문 조사에 따르면, 54.4%가 폭언이나 폭행을 경험했으며, 12.9%가 성희롱이나 성폭행을 경험했다고 답했습니다.

2016년부터 2020년까지 5년 동안 벌어진 범죄 사건의 통계를 보아도, 일 년에 강력범죄 약 335건, 폭력범죄 약 2,188건이 편의점에서 일어났다고 해요. 편의점 노동자가 얼마나 많은 위험에 노출되어 있는지 알 수 있습니다.

2016년 9월, 손님이 끓는 물이 담긴 컵라면을 편의점 노동자의 얼굴에 던져 화상을 입힌 일이 있었고, 같은 해 12월에는 술에 취한 손님이 비닐봉투값 30원을 꼬투리 삼아 편의점 노동자를 숨지게 한 사건도 있었습니다. 사업주는 이렇게 위험한 일이 일어날 수 있다는 것을 염두에 두고 필요한 조치를 해야겠지요.

노동자 스스로도 대비하는 것이 좋습니다. 꼬투리를 잡거나 난폭한 고객을 만나면 경찰에 바로 연락할 수 있도록 준비하는 것이 좋습니다. 편의점에는 위급할 때 경찰이 곧바로 출동하는 시스템이 마련되어 있어요. 일자리를 구할 때 이 시스템을 반드시 확인해 보세요. 설치되어 있지 않으면 사업주에게 요구하고, 이를 이용하는 방법도 꼭 익혀 두어야 해요.

편의점 노동자는 유통기한이 지나 팔 수 없는 간편 식품으로 밥을 먹는 경우가 많은데, 편의점 식품은 열량이 높고 나트륨이 많이 들어 있어요. 가능한 한 흰 우유, 과일, 채소를 챙겨 먹으면 좋습니다.

2) 택배배송, 음식배달 라이더

택배 일을 해 봤거나 알아보는 분들이 있나요? 온라인 커뮤니티에서 보니 많을 때는 하루에 물품 400개를 배송한 택배 노동자도 있다고 합니다. 밤늦게, 주말에도 배송하기도 하죠. 택배 노동자는 하루 열두 시간 이상을 일하거나 식사도 잘 못 챙길 만큼 과로에 시달리는 경우가 많아요. 좁은 공간에서 불편한 자세로 물건을 내리고, 무거운 물건을 들 때 과한 힘을 쓰고, 각진 모서리를 힘주어 잡아야 합니다. 생수, 김장김치, 동물 사료, 쌀처럼 무거운 물품을 택배로 배송하는 일도 많아요.

이런 일을 하루 종일 되풀이한다면, 안 아플 수가 없지요. 강한 충격으로 단번에 문제가 생기기도 합니다. 엘리베이

터가 없는 건물에서 배송할 때는 계단에서 넘어지지 않도록 조심해야 해요. 물이나 이온음료를 차에 챙겨 두고, 배송 지역에서 언제든 이용할 수 있는 화장실을 확인해 두는 것도 필요합니다.

2021년 10월 고용노동부는 택배배송처럼 유통, 물류업에서 일하는 노동자들의 산재가 계속 늘어난다고 발표했는데요. 요통, 근골격계질환처럼 무거운 물건을 들어서 생기는 사고와 직업병이 가장 많았고, 과로사도 늘어났습니다. 짬을 내기 어렵겠지만, 업무 일지를 스마트폰에 기록해 두면 산재보험이 필요할 때 자료로 사용할 수 있어요. 배송 건수, 운행 거리를 기록하고, 무거운 물품은 사진으로 찍어 놓으면 좋아요. 너무 많은 물량을 배송한 날이나, 몸이 안좋은 날도 따로 기록하면 도움이 될 것입니다.

라이더 일은 택배배송과 비슷하지만 조금 다릅니다. 도로가 일터예요. 오토바이를 이용해 물품을 빠르게 배달하는 일이니 교통사고가 가장 무섭습니다. 눈, 비, 바람, 폭염, 혹한처럼 기상 조건에 따라 도로 환경이 수시로 바뀌고 사고가 발생할 위험도 커집니다. 도로가 매끄럽지 않아 오토바이가 넘어지거나, 갑자기 유턴하는 자동차와 부딪치는 사고도 많아요. 매연과 미세먼지는 기본이고요. 앞에서 본 것처럼 매연과 미세먼지는 호흡기질환, 심혈관질환, 당뇨병, 비만, 우울증 같은 질환을 일으킬 위험을 높인다고 하니, 호흡기를 보호할 마스크를 꼭 쓰고 일하면 좋겠죠. 막 조리된 뜨거운 음식에 화상을 입거나, 갑자기 닫힌 식당 문에 손가락이 끼이기도 하고, 식당 바닥의 물기에 미끄러져 넘어지기도 합니다. 음식을 전할 때 계단에서 미끄러지기도 해요.

택배 기사와 라이더 모두 배달이 늦는다며 불평하는 고객을 상대로 감정노동을 감당하는 경우도 많습니다.

3) IT 노동자

컴퓨터 프로그래머, 게임개발자, 디자이너, 엔지니어, 프로젝트 매니저처럼 IT 업계에는 비슷해 보이지만 다양한 직군이 모여 있습니다. IT 서비스를 기획, 개발하고 품질을 관리하는 업무는 노동강도가 센 만큼, 성과에 따라 큰 보상을 받을 수 있다는 기대도 높다고 합니다.

IT 업계에서 프로그램 개발자들은 특히 컴퓨터 앞을 떠나기가 어려울 텐데요. 오랜 시간 컴퓨터 작업을 한다는 것은 환기가 충분히 이루어지지 않고, 조명이 어둡거나 적절하지 않고, 장시간 앉아서 일할 가능성이 높다는 뜻입니다. 이런 환경에서 일을 하면 두통, 시력 저하, 눈 충혈, 손과 손목의 통증, 목과 어깨 통증, 집중력 저하 같은 증상이 일어납니다.

IT 노동자들의 또 다른 특징은 장시간 노동입니다. 게임이나 프로그램 출시 마감일을 맞추려고 길게는 수개월 동안 야근을 하는, 이른바 '크런치 모드' 같은 근무 형태가 흔하다고 알려져 있는데요. 야간 근무, 교대 근무는 암을 일으키는 발암물질로 분류되어 있습니다. 이럴 때 노동시간을 꼭 기록해 두세요. 장시간 노동으로 과로와 스트레스에 시달리다가 우울증, 공황장애, 적응장애 같은 정신질환을 겪거나, 스스로 세상을 떠나는 경우도 간혹 있습니다.

업무에 대한 압박, 스트레스가 매우 심할 때는 이를 멈출수 있는 방법을 찾아보면 좋겠습니다. 일을 쉴 수 있으면 가장 좋겠지만 그렇게 할 수 없을 때는 몸을 움직이는 운동이나 산책을 할 수 있는 틈새를 만들어 보세요. 상담을 하는 방법도 있습니다. 너무 힘들 때는 가족이나 친구, 동료들과 이야기 나누는 것도 좋은 방법일 것입니다.

4) 공장 아르바이트, 공장 노동자

공장 아르바이트를 검색해 본 적이 있나요? 인터넷 구인 구직 사이트에 회원가입을 하고 공장 일자리를 찾은 다음 연결이 되면 일사천리로 취업이 되는 경우가 많습니다. 본인 확인과 간단한 면접 절차만 거치면 당일이든 다음 날이든 바로 일을 시작할 수 있어요. 온라인 커뮤니티에는 한두 달 고생하면 다른 알바보다 돈을 많이 벌 수 있다고 생각해서 공장 알바를 구했다는 체험담이 많습니다. 그러나 막상 공장에서 일을 시작하면 어떤 공장이든, 단순한 동작을 끊임없이 되풀이하는 지루함 때문에 힘들고, 임금은 최저임금에 맞춰서 주기 때문에 초과근무나 휴일 근무를 하지 않는 이상 돈을 모으기 어렵다고 해요. 장갑, 안전화, 작업복들을 주지 않아 노동자들이 자기 돈으로 사는 일도 많아요.

다른 일을 구하기 전에 잠깐 하는 일이라고 생각하고 공장에 취업한다 해도 조심할 것이 많아요. 화학물질 사용, 먼지, 진동이 심한 작업처럼 눈에 바로 보이는 위험도 있고, 자재를 옮기거나 조립 작업처럼 근육과 관절에 무리가 가는 작업도 있습니다.

조립품을 씻어 내는 유기용제, 세척제 들을 쓸 때는 어떤 물질을 쓰는지 자세히 살펴보세요. 피부질환, 중추신경계 중독, 간 손상, 생식 독성 같은 질병을 일으키는 유해화학물질이 들어 있는 경우도 많습니다. 스마트폰을 사용할 수 있다면 원료통의 라벨이나 설명서를 찍어 두세요. 나중에 어떤 물질인지 궁금할 때 인터넷 검색을 할 수 있어요. 만약 맨손으로 화학물질을 만져야 하거나, 환기가 잘 안 되어 화학물질 냄새가 심한 공장이라면 참지 말고 일을 그만두는 것이 나를 위해서 더 좋은 방법일 수도 있습니다.

자재나 장비에 걸려 넘어지는 일도 많아요. 넘어질 때 손이나 턱, 얼굴로 부딪쳐 다치지 않게 조심해야 합니다. 기계를 다루는 일이라면 가장 먼저 기계를 멈추는 방법부터 배우세요. 감전, 질식, 화재 같은 사고가 일어나면 어떻게 대처해야 하는지도 관리자나 다른 직원들에게 물어서 알아 두는 게 좋겠습니다.

5) 카페, 패스트푸드 매장 노동자

카페에서 하는 일은 우아해 보이지만 물 밑에서 발을 계속 움직여야 하는 백조와 비슷하다고 할 수 있어요. 고객들이 편안하게 시간을 보낼 수 있게 공간을 유지해야 하고 여러 가지 음료를 빠르게 잘 만들어 내야 하죠. 좁은 공간에

서서 같은 동선을 오가며 일하고, 고객을 응대하는 감정노동의 강도도 높습니다. 스팀기를 사용하거나 뜨거운 물을 이용하여 만드는 음료가 많은데, 고온의 스팀이나 뜨거운 물에 화상을 입는 일이 자주 벌어져요. 음료를 만드는 동안 고개를 계속 숙이고 손목에 힘을 주면서 목과 어깨, 손목 통증도 많이 생깁니다. 가끔 유리컵이나 음료수 잔이 깨지기도 하는데 깨진 컵을 치우다가 다치거나 유리 조각에 찔리기도 해요.

패스트푸드 매장도 노동강도가 높아요. 쉴 틈 없이 이어지는 주문에 맞추어 그릴에 고기 패티를 굽고, 버거를 만들고, 감자를 튀깁니다. 장시간 서서 조리하면서 다리가 붓거나, 그릴에 화상을 입는 일들이 많이 일어납니다. 그래서 패스트푸드 매장에서 오래 일한 노동자들의 손과 팔에는 화상자국이 있는 경우가 많아요. 무거운 음식 재료를 옮겨야 할 때도 많습니다. 재료 상자를 들어 주방으로 옮길 때 허리와 어깨, 무릎 같은 관절을 다치거나 삐긋하지 않도록 신경 써야 합니다.

배달 앱이 활성화되면서 주문은 많아지는데, 노동자를 추가로 고용하지 않는 매장이 많습니다. 요즘은 매장 안에서도 무인 정보 단말기 기계(키오스크)로 주문을 받는데 기계에 익숙하지 않은 고객을 안내하는 일, 기계 고장에 대응하는 일도 해야 합니다.

패스트푸드 매장 노동자는 버거와 탄산음료를 식사로 제공받는 경우가 많아요. 매장에 물이 없어서 물 대신 탄산음료를 마시는데, 이 때문에 건강에 문제가 생기는 것 같다고 이야기하는 노동자들도 많습니다. 버거와 탄산음료를 덜 먹으려고 따로 물을 갖고 다니거나 아니면 아예 식사를 거르는 노동자들도 있는데요. 채소와 과일을 먹을 방법을 마련하는 것이 좋겠습니다.

6) 콜센터 상담사

콜센터 상담사는 인터넷에 구인 광고가 가장 많이 나오는 직종 가운데 하나인데요. 그만큼 이직률이 높다는 뜻이기도 합니다. 콜센터의 업무 강도는 정말 높다고 해요. 코로나19를 겪으면서 콜센터는 더 바빠졌습니다. 공공 기관들에서는 사회복지, 지원 관련 업무가 늘어나고, 온라인 쇼핑 기업들은 환불 요청이나 고객 불만 전화가 폭주한다고 합니다. 콜센터는 외주를 주어서 운영하는 경우가 많아요. 외주 업체는 보통 2년에 한 번 재계약을 하기 때문에 원청 기업의 요구에 맞추어 업무 성과 관리가 센 반면, 노동자들은 고용이 불안정하다고 느끼는 경우가 많습니다.

상담사들은 통화시간을 분, 초 단위로 감시당하고 정해진 '콜수'를 채우도록 압박을 받습니다. 불편, 불만을 해결하려는 고객들이 콜센터를 이용하기 때문에 언어폭력과 감정 폭력에 노출되는 경우가 많습니다. 특히 전화가 많이 오는 월요일에는 휴가를 사용하지 못하게 한다고 해요. 게다가 화장실 가는 시간을 정해 놓고 눈치를 주는 일도 많아서 콜센터 상담사들은 방광염에 걸리는 경우가 흔해요. 무엇보다 화장실 사용을 감시하는 것은 인권침해입니다.

고객의 언어폭력이 이어질 경우 상담사가 먼저 전화를 끊을 수 있고, 잠깐이라도 휴식을 취하거나 상담할 수 있는 시스템이 있기는 합니다. 하지만 평소에 이를 활용하는 경우는 거의 없다고 해요. 그러나 정말 버티기 힘든 상황이 생길 수도 있으니 콜센터 노동자 보호조치를 알아 두세요.

콜센터 사무실에는 한 공간에 수십 명에서 수백 명이 되는 상담사가 모여 있습니다. 환기 시스템이나 공기청정기를 갖추지 않아 공기 질이 나쁜 사무실이 많아요. 콜센터에서 코로나19 감염이 많이 나온 까닭이 바로 여기 있습니다. 상담을 하면 성대를 많이 쓰기 때문에 물을 자주 마시고, 습도를 적절히 조절하면 좋습니다. 목이 쉬거나 이상이 느껴질 때 쉬어야 상태가 나빠지는 것을 막을 수 있어요.

7) 건설 노동자

지하철 공사나 도로 공사, 건물을 짓는 건설 현장에 일용직으로 일하러 간 적이 있나요? 건설업은 원청 건설사부터 직접 작업을 하는 일용직 노동자들까지 다단계 하청으로 일을 하는 경우가 많습니다. 경력이 오래된 숙련 기능공에서 '조공'이라고 부르는 초보까지 건설 현장에는 여러 직종, 다양한 경력의 노동자들이 섞여서 일합니다. 바쁘고 정신없이 돌아가는 현장에서 자기 안전은 자기가 챙겨야 한다고 이야기하죠. 안전 보호구를 주지 않아서 장갑, 마스크, 안전화 같은 기본 보호구를 일용 노동자가 자기 돈으로 마련하는 일도 많다고 해요.

건설 현장은 건물 안과 밖의 작업이 동시에 진행되고 공정에 따라서 일하는 환경이 수시로 바뀝니다. 비가 오고 바람이 불고 폭염이 오고 눈보라가 칠 때 환경 변화에 맞추어 적절하게 노동자를 보호하는 휴게시설이 없으면 문제가 생깁니다. 폭염에도 공사를 계속하다가 노동자들이 쓰러졌다는 뉴스를 본 적이 있을 거예요.

건설 노동자에게 가장 많이 일어나는 사고는 추락입니다. 고용노동부 자료를 보면, 2016년부터 2020년까지 5년 동안 추락사고로 숨진 노동자는 1,348명에 이른다고 합니다. 건설 구조물이 높건 낮건 발디딤판, 작업 발판, 안전모, 안전 고리 같은 것을 꼭 챙기세요. 건설 현장에는 잘못 밟으면 넘어지게 되는 자재들이 많아요. 현장이 어두워서 넘어지거나 추락해서 다치는 경우가 많습니다. 항상 발밑을 살피고 실내 작업등을 달아야 해요.

대형 공사 현장에는 크레인, 지게차가 늘 돌아다니는데, 이 차량들이 옮기는 무거운 물건에 부딪히거나 높은 곳에서 공구, 자재 따위가 떨어져서 다치는 경우도 있습니다. 못, 철근, 강관, 철판 들에 찔리거나 베이는 사고가 일어나면 파상풍에 걸리지 않도록 조심하세요.

건설 현장에서 생각보다 오래 일하게 되거나 기술을 배워서 직업으로 삼게 된다면 '건설근로자 하나로서비스(1122.cwma.or.kr)' 사이트를 알아 두면 좋습니다. 경력을 증명하고, 퇴직금, 연금을 가입할 때 도움이 될 거예요. 건설 노동자들은 노동조합이 활성화되어 있어서 이 부분을 잘 도와줄 거예요.

8) 미용실 노동자

미용실 노동자는 감정 노동을 많이 합니다. 우리가 미용실에 갈 때는 서비스를 받고 만족을 느끼려고 가는 경우가 많잖아요. 헤어 디자이너들은 개인사업자처럼 일하면서 단골 고객을 확보해 매출을 높이는 것이 중요하기 때문에 고객과 교감, 친절한 응대 같은 것이 더 요구됩니다. 전문 헤어 디자이너 밑에서 보조로 일하는 스태프들은 고객은 물론 헤어 디자이너에게도 감정 노동을 해요. 스태프들은 미용 기술을 배우고 연차를 쌓아서 디자이너가 될 때까지 노동강도가 높다고 이야기합니다.

미용실로 들어갈 때 화학약품 냄새가 확 맡아지던 경험이 있을 거예요. 미용 제품을 사용할 때는 환기를 잘 하는 것이 중요해요. 미용실에서 일하다가 피부질환이 생기는 분들도 많습니다. 파마액, 염색제, 헤어스프레이, 왁스, 샴푸처럼 미용 제품에 함유된 화학물질이 피부에 닿으면 피부 자극, 피부염, 알레르기 반응, 발열, 화상 들이 생길 수 있어요. 피부에 손상이 가지 않도록 장갑을 꼭 사용하세요. 미용실에서 쓰는 화학물질을 자주, 많이 들이마실 경우 두통, 점막 통증, 호흡기질환이 생길 수도 있습니다. 미용실에서는 '폼알데하이드' '벤젠' 같은 발암물질도 검출된다고 해요. 이는 백혈병을 일으키기도 하는 위험한 물질들입니다.

미용실에서 가장 많이 하는 작업은 샴푸와 물을 사용하는 일일 텐데요. 피부가 건조해져서 고생하는 스태프, 디자이너가 많아요. 물비누는 피부 건조증을 더 일으킬 수 있습니다. 틈틈이 손 보습제를 사용하면 도움이 될 거예요. 고데기, 파마기, 드라이기처럼 고온의 전기 미용 도구를 사용할 때 피부에 화상을 입을 수도 있고, 가위, 칼 같은 날카로운 기구에 베이거나 찔려 상처를 입을 수도 있습니다.

9) 돌봄 노동자

누군가를 돌보는 일은 직업이 아니라도 몸과 마음의 에너지가 많이 소모되는 일이죠. 우리 곁에는 사회복지사나 어린이집 보육 교사를 꿈꾸면서 공부하는 사람도 많고, 학교 방과 후 교사, 간병인, 요양보호사 자격증을 따는 이들도 많아요. 실제로 일하는 분들도 많습니다. 이들이 돌보는 대상은 영유아부터 노인, 환자까지 다양합니다. 그 대상이 누구라도 돌봄 노동이 노동강도가 매우 높은 일이라는 것은 동의할 거라 생각합니다. 돌봄 노동은 임금체계, 사회보험 가입, 휴가 사용 같은 부분에서 다른 직종 노동자들보다 시스템이 덜 갖춰진 면도 있지요.

몸이 아프면 병가를 사용할 수 있는 규정이 있지만 인력이 부족해서 큰 용기를 내지 않으면 쉴 수 없다고 말하는 돌봄 노동자가 많습니다. 기관의 원장, 센터의 장 같은 상급자들이 갑질을 하거나 초과 노동을 강요하는 경우도 있어요. 환자나 노인을 들거나 업고 옮기면서 허리를 다치는 일도 많고, 대면 접촉에 따른 감염병 위험, 신체 폭력이나 언어폭력을 당하는 일이 벌어질 수 있습니다. 이럴 때 기관마다 성희롱에 대처하는 방법, 피해 상담 매뉴얼이 있을 거예요. 평소에 미리 알아 두고 잘 챙겨 두면 좋겠습니다. 노동자들이 만든 협회, 노동조합, 단체 들이 있으니 인터넷에서 찾아보기 바랍니다. 도움이 될 거예요.

코로나19 상황에서 방호복을 입고 식사 도움, 세면 도움 같은 일을 해야 했던 돌봄 노동자들도 많습니다. 최근에는 코로나19 감염이 일어난 요양원에서 추가로 감염될 위험을 무릅쓰고 평소보다 더 많은 노인들을 돌보던 요양보호사가 우울증을 앓게 되어 산재 인정을 받기도 했습니다.

10) 사무직 노동자

사무직 노동자는 가장 흔하게 볼 수 있는 직종이면서 힘들지 않은 일을 하는 노동자로 여겨집니다. 그러나 직장 내 괴롭힘, 성희롱 같은 문제로 고통을 가장 많이 호소하는 노동자들이 바로 사무직 노동자들일 거예요. 작은 사무실이든, 큰 기업이든 직장 상사, 사용자, 사용자의 친인척 들로부터 부당한 업무 지시를 받거나, 이해할 수 없는 성과 평가 방식 때문에 스트레스를 받는 사례가 많습니다.

오랜 시간 컴퓨터 작업으로 '거북목'이 된다고 걱정하는 분들이 흔해요. 또 무거운 물건을 옮기다가 허리를 삐끗하거나 계단 같은 데서 넘어지는 사고도 종종 일어납니다. 왕따나 집단 따돌림, 폭언, 폭행처럼 강도 높은 직장 내 괴롭힘도 많이 일어납니다. 여성 사무직 노동자에게 화장을 하라거나, 성별을 가리지 않고 외모를 지적하고, 가족을 비난해 정서적, 언어적으로 괴롭힘을 당한다고 이야기하는 노동자들도 많습니다.

상사가 출근하는 시간에 맞추어 신문이나 커피를 미리

준비하게 하거나, 거부할 경우 집단으로 따돌리는 분위기를 만드는 곳도 있습니다. 서류 집어던지기, 집기 걷어차기, 책상 뒤지기 같은 물리적 폭력이 일어나는 경우도 많아요. 명확하게 항의하긴 어렵지만 당사자는 매우 괴로운 상황에 처하기도 합니다. 혼자서 끙끙대지 말고 상담을 할 수 있는 기관을 찾기 바랍니다. 인터넷에 찾아보면 도움을 받을 수 있는 사회단체, 전문 상담기관이 많습니다.

직장 내 괴롭힘, 성희롱 같은 일들로 스트레스를 받고 정신과 진단을 받으면 직업병으로 인정받기도 합니다. 혹시 주변에 이런 일이 일어나고 있다면 일기나 사진, 진단서 같은 자료를 챙기라고 말해 주세요.

2부

아플 땐
산재보험이 있다

✚

직업병과 직업별 위험 요인을 쭉 보고 나니 괜히 여기저기 아픈 것 같고, 쑤시는 것 같나요? 일과 내 건강이 밀접하게 연결되어 있다는 중요한 사실을 알게 된 이상 어쩔 수 없이 걱정이 되지요. 다행스러운 것은 우리에게 사회보험인 '산재보험'이 있다는 거예요. 산업재해를 겪었을 때, 즉, 일하다 아프게 되었을 때 우리는 산재보험으로 치료와 생계비를 함께 보장받을 수 있습니다.

1 일하는 사람을 위한 산재보험

　노동자가 다친 상태에서 어쩔 수 없이 계속 일을 하다가 더 크게 다치고, 결국에는 일하지 못할 정도로 아프게 되는 경우를 상상해 볼게요. 월급을 많이 받는 직업이든 적게 받는 직업이든, 월세를 내면서 살든 내 집이 있든, 일을 못하는 상황은 누구에게나 힘듭니다. 돌봐 줄 사람이 있든 혼자서 회복해야 하든, 다친 노동자와 그 식구들에게만 책임을 떠넘긴다면 경제적으로 어려워지는 것은 물론이고 정신적으로도 힘들어질 거예요. 생계를 주로 책임지는 사람이든 그런 부담이 덜한 사람이든, 일을 하다 다치고 아프게 되면 일자리와 월급 걱정부터 회사의 책임까지 부당하고 억울한 상황이 이어지는 경우가 많습니다.

산재보험은 19세기 말 독일에서 처음 시행되었습니다. 산업화와 자본주의가 본격적으로 시작되면서 노동자들은 거대한 기계 앞에서 부속품처럼 일해야 했고, 만약 다치거나 병 들면 다른 노동자로 교체하면 그만이었습니다. 열악한 환경에서 빈곤에 시달리던 노동자들은 정부와 자본가에게 불만을 가질 수밖에 없었지요. 이러한 상황을 안정시키고자 도입한 제도가 산재보험입니다.

우리나라는 1964년에 산재보험을 처음 시작했습니다. 석탄을 생산하는 광업, 그 가운데서도 500명 이상이 일하는 곳부터 시작했죠. 갱도가 무너져서 광산 노동자들이 매몰되는 사고가 드물지 않던 시대였거든요. 그로부터 60년이 지난 지금 산재보험은 한 명 이상 일하는 모든 곳에 적용되는 사회보험이 되었습니다. 일하는 사람이라면 누구든지 겪을 수 있는 위험을 혼자서 떠안는 상황을 막기 위해, 언제 닥칠지 모를 사고나 질병에 사회 구성원 모두가 함께 대비하기 위해서입니다.

산업재해보상보험법 제1조(목적)

이 법은 산업재해보상보험 사업을 시행하여 근로자의 업무상의 재해를 신속하고 공정하게 보상하며, 재해근로자의 재활 및 사회 복귀를 촉진하기 위하여 이에 필요한 보험시설을 설치·운영하고, 재해 예방과 그 밖에 근로자의 복지 증진을 위한 사업을 시행하여 근로자 보호에 이바지하는 것을 목적으로 한다.

2 산재보험
구석구석 살펴보기

산재라는 말을 흔히 쓰는 데 비해 산재보험 제도가 어떤 내용을 담고 있는지 알려 주는 곳이 없습니다. 학교에서도 가르쳐 준 적 없고 회사에서도 정보를 주지 않아요. 산재보험 제도는 생각보다 꽤 복잡합니다. 복잡한 제도를 모두 다 알 필요는 없지만 전체 얼개를 한 번 볼까요?

누가 산재보험에 가입할 수 있는지, 보험료는 얼마나 내야 하는지, 산재보험으로 보장받을 수 있는 범위는 어떻게 되는지, 보험으로 보장받을 수 있는 급여의 종류는 어떤 게 있는지, 치료를 받는 중과 치료가 끝난 다음으로 나누어 살펴보겠습니다.

가입 대상

Q. 누가 가입할 수 있나요?

A. 일하는 사람 누구나!

- 일용직, 알바, 파견 노동자……, 부르는 이름과 상관없이 노동을 제 공하고 임금을 받는 사람이라면 누구나 이용할 수 있습니다.

- 회사가 크든 작든, 오래 일했든 짧게 일했든, 근로계약서를 썼든 쓰지 않았든 상관없어요.

- 「산재보험법」에서는 '근로자를 사용하는 모든 사업 또는 사업장' 에 산재보험을 적용한다고 설명하고 있어요. 정규직과 비정규직을 가리지 않고 산재보험이 적용되는 것처럼, 현장실습생과 특수형태 근로종사자도 산재보험 적용 대상입니다.

TIP **특수형태근로종사자로 인정받아 산재보험을 적용받는 노동자**

보험설계사, 건설기계 운전사, 방문강사, 골프장 캐디, 택배 기사, 전속 퀵서비스 기사, 대출모집인, 신용카드회원 모집인, 전속 대리운전기사, 방문판매원, 대여 제품 방문점검원, 가전제품 배송 설치원, 화물차주, 소프트웨어기술자

(「산업재해보상보험법」 125조(특수형태근로종사자의 범위 등)에 따른 적용 대상자)

Q. 어떻게 가입하나요?

A. 노동자 가입? 아닙니다, '회사'가 가입합니다

- 산재보험은 '회사'에서 가입해야 하는 보험입니다. 사용자가 1명 이상의 노동자를 고용했다면 회사는 무조건 산재보험에 가입할 의무가 있습니다.

- 회사가 4대 보험(국민연금, 건강보험, 고용보험, 산재보험)에 가입해 보험료를 내고 있다면 가입되었다고 생각하면 됩니다.

A. 단! 1인 자영업자, 프리랜서는 직접 가입!

- 1인 자영업자와 프리랜서는 '근로기준법상 근로자'가 아니기 때문에 저절로 가입되지 않아요. 이 경우, 본인이 직접 산재보험 가입 신청을 하고 보험료를 내야 합니다. 그러면 일하다 아플 때 산재보험으로 보장받을 수 있어요.

보험료

Q. 누가 보험료를 내나요?

A. '회사'가 100% 부담

- 노동자가 일을 시작하는 순간부터 산재보험에 가입이 되고, 회사가 보험료를 전액 부담해요. 만약 회사가 산재보험료를 월급에서 제하거나, 노동자에게 산재보험료를 요구한다면 모두 불법이에요!
- 특수형태근로종사자는 보험료를 사업주와 반반 나눠서 냅니다.
- 단, 1인 자영업자와 프리랜서는 보험료도 전액 본인 부담입니다. 이 부담을 줄일 수 있도록 정부에서 다양한 정책으로 보험료를 지원하고 있으니, 알아보고 꼭 가입하세요.

Q. 보험료는 어떻게 계산하나요?

A. '보수총액'×'보험료율'로 계산

- 보험료율은 업종별로 달라요.
- 보험료율, 산재보험료는 근로복지공단 홈페이지 '민원조회 〉 산재보험료 알아보기'에서 추정치를 확인해 볼 수 있어요.
- 예를 들어, 한 달에 2백만 원을 받는 로고 디자이너는 0.006의 보험료율이 적용되어 한 달에 12,000원을 산재보험료로 납부해요.

보장 범위

1 사고(출퇴근 재해까지)

일 때문에 사고를 당했을 때, 출근길, 퇴근길에서 일어나는 사고까지 모두 보장

- 서류를 정리하다가 사다리에서 넘어져 다리를 삐었을 때, 점심시간에 밥 먹으러 가다가 계단에서 넘어졌을 때, 산재보험을 신청해요.

- 회사 통근 차량 또는 본인 자동차로 출근하다가 교통사고가 났을 때에도 보장을 받습니다.

2 질병

일 때문에 생긴 질병이라면 퇴사 이후에도 산재보험 보장!

- 일 때문에 우울증이 생겼고 퇴사한 뒤에도 우울증 치료를 받고 있다면 산재보험 신청이 가능해요.

- 10년 동안 환경미화원으로 일하고 퇴직한 다음, 10년 뒤에 폐암이 걸려도 산재보험 보장이 가능해요.

3 사망

일 때문에 생긴 사고나 질병으로 사망했을 때도 적용

- 뉴스로 접하는 대형사고는 물론, 직장 내 괴롭힘으로 자살했을 때도 산재보험을 신청할 수 있어요.

TIP **노동자가 100% 잘못해서 다쳐도 산재보험 신청 가능!**

산재보험에서는 잘못을 따지지 않습니다. 설령 노동자가 실수해서 다쳤더라도 고의가 아닌 이상 산재보험으로 치료받고, 생계비도 보장받을 수 있어요.

1 요양급여

• 잘 치료받을 수 있도록 지급하는 급여예요. 병원비는 물론이고 간병비와 통원치료 할 때 드는 교통비(이송료)까지 보장합니다.

• 돈(현금)으로 지급하지 않고, 병원 치료 서비스(현물)로 제공하는 게 원칙이에요. 필요한 치료를 무료로 받습니다. 단, 비급여 항목은 본인이 비용을 부담해야 해요.

2 휴업급여

• 아파서 일하지 못하는 동안 수입이 끊기지 않게 본인이 받는 평균임금의 70%를 지급해요. 치료에만 집중할 수 있게 해 줍니다. 자세한 계산 방법은 116~120쪽을 참고해 주세요.

• 평균임금

$$\frac{(사고, 질병 발생일 이전) \; 3개월 \; 간 \; 임금 \; 총액}{(사고, 질병 발생일 이전) \; 3개월 \; 간 \; 그 \; 기간의 \; 총 \; 일수}$$

3 상병보상연금

• 2년 넘게 치료받았지만 '중증요양상태 등급'을 판정받았을 때 지급하는 돈이에요. 휴업급여를 대신하여 지급되는 연금입니다. 〈중증요양상태 등급표〉는 123쪽을 확인하세요.

보장급여 종류: 치료 끝난 뒤

▌1 장해급여

- 신체에 장해가 남았다면 1급~14급으로 나누어 장해급여를 지급해요.

- '장해등급별 지급일수×평균임금'으로 계산합니다. 장해등급별로 지급일수가 달라져요. 1급에 가까운 심한 장해일수록 지급일수가 늘어납니다.

▌2 간병급여

- 치료가 끝난 뒤에도 완전히 낫지 않아 간병인의 도움이 필요할 수 있어요. 의학적으로 돌봄이 필요하다면 실제 간병을 받은 날만큼 간병급여를 받을 수 있어요.

- 간병이 얼마나 필요한지, 누가 돌보는지에 따라 일일 지급 비용이 달라요.

- 2022년 기준 상시 간병이 필요한 노동자가 전문 간병인의 돌봄을 받는다면 하루에 44,760원을 받습니다.

	상시 간병	수시 간병
가족, 기타 간병인	41,170원	27,450원
전문 간병인	44,760원	29,840원

일일 간병급여 지급 기준 금액

❸ 직업재활급여

직업재활급여는 두 가지로 나뉘어요. 산업재해를 겪은 뒤 실업 상태
가 된 노동자가 직업훈련을 받을 수 있도록 도와주는 훈련비용과 훈
련수당이 있어요. 다른 하나는 산업재해를 겪은 노동자가 원래 직장
에 계속 다닐 경우, 고용을 유지한 사업주에게 지급하는 직장복귀지
원금을 말해요.

• **훈련비용**: 노동자를 훈련하는 훈련기관에 지급하는 돈이에요. 노동
  자 1인당 최대 600만 원에 해당하는 훈련을 받을 수 있어요.

• **훈련수당**: 훈련에 참여한 노동자가 일정 기준을 만족했을 경우 노
  동자에게 지급하는 수당이에요. 최저임금의 40~50%를 지급해요.

• **직장복귀지원금**: 산업재해를 겪은 뒤 장해 1급~12급에 해당하는 노
  동자가 원래 직장에 복귀하면 사업주에게 최대 12개월 동안 지원
  금을 줍니다. 노동자의 장해등급에 따라 지급 금액이 달라요.

보장급여 종류: 사망자

❶ 유족급여

노동자가 일로 인해 사망한 경우 생계를 함께 하던 유족이 경제적 어려움을 덜 수 있게끔 유족에게 지급되는 급여예요.

- 생계를 같이 하던 유족 중 배우자, 25세 미만 자녀, 부모 또는 조부모(60세 이상), 19세 미만의 손자녀, 형제자매(19세 미만, 60세 이상)에게 지급됩니다.
- 위에 해당하는 사람이 없을 때는 생계를 같이 하지 않던 배우자, 자녀, 부모, 손자녀 및 조부모 등에게 '일시금'으로 유족급여가 지급됩니다.

❷ 장례비

- 사망한 노동자의 장례를 치를 수 있도록 장례비용을 지급해요.
- 유족이 없거나 부득이한 사유로 유족이 아닌 사람이 장례를 지냈다면, 실제로 장례를 치른 사람도 장례비를 청구할 수 있어요.

3 산재보상 신청하기 전에 알아 두세요

산재보상을 신청하기 전에 확인해야 할 게 있어요. 신청을 앞둔 사람들 가운데 대다수가 궁금해하는 질문을 바탕으로, 산재보상 신청서를 작성하기 전에 알아 두어야 할 필수 정보 다섯 개를 쏙쏙 뽑았으니 확인해 보세요.

─────산재보상 신청하기 전에 알아 두면 좋은 정보─────

① 병원에 가서 '하는 일'에 대해 자세히 이야기하세요.

② 소견서 상 '4일 이상의 요양'이 필요한 경우에만 산재보상 신청이 가능합니다.

③ 공상처리와 산재처리 중 산재로 신청하세요!

④ 육하원칙에 따라 상황을 정리하고 증거를 모으세요.

⑤ 예전에 다친 것도 보상받을 수 있습니다.

1) 병원에 가서 '내가 하는 일' 이야기하기

병원에 가서 진료를 받을 때, 아픈 증상과 함께 의사에게 자기가 '하는 일'을 충분히 설명하세요. 속이 쓰리고, 소화도 잘 안 되고, 신물이 올라오는 증상을 겪는 백화점 서비스직 노동자를 예를 들어 볼게요.

"제가 백화점에서 일하는데, 쉬는 시간이 거의 없어서 밥을 늘 급하게 먹는 게 습관이 됐어요. 속이 자주 쓰렸는데, 지난달부터는 실적 압박이 심해져서 스트레스를 더 받아서인지 수시로 신물까지 올라오곤 해요."

이처럼 상황을 좀 더 자세하게 설명할 필요가 있습니다. 이렇게 말하면 의사는 진료 기록에 "스트레스 – 일" 같은 식으로 기록할 거예요. 혹은 "백화점 판매직 – 실적 압박 스트레스" 이런 식으로 기록할 수도 있죠.

사고가 났을 때도 마찬가지예요. 사고 때문에 진료를 받으러 병원에 가거나 응급실에 가게 되었을 때, 어떤 상황에서 어떻게 하다가 다쳤는지 자세히 설명하는 거예요. 의사에게 설명한 내용은 다음 표처럼 남게 됩니다. 다친 장소가 '작업장'이라는 정보가 남은 덕분에 나중에 산재 신청을 할

현병력[Present Illness]
 T: 내원 30분 전
 P: 작업장
 V: 3m 높이에서 떨어져 왼쪽 옆구리가 소 여물통에 부딪혔다.
 -119 대원 진술

사고로 응급실에 실려 온 노동자의 의료 기록 중 일부

때 '일하다가 다쳤다'는 걸 증명하기 쉬워요. 담당 의사가
환자에 대한 정보를 풍부하게 가질수록 치료가 효과적으로
이루어질 수 있고, 나중에 산재보상 신청을 할 때 서류를
준비하기에도 수월하답니다.

기록을 남기는 것이 왜 중요할까요? 작은 질병이 쌓여 큰
병을 일으키기도 하는데, 그때 이 환자는 예전부터 이렇게
일 때문에 힘들어했다고 증명할 수 있는 증거가 되기도 하
고요, 사고로 병원에 간 경우 그 사고가 업무상 사고였다는
것을 증명하는 수단이 되기도 합니다. 사고 당시는 괜찮더
라도 후유증이 생겨서 한참 뒤에 산재보상 신청을 하게 되
는 경우도 있어요. 울산 지역 큰 조선소에서 일하는 하청노
동자 중에는, 일하다 다쳐서 병원에 가더라도 집에서 다쳤
다고 말하는 일이 최근까지도 여러 번 있었어요. 산재보험
처리를 하지 않으려는 회사의 꼼수였는데요. 당장은 몰라

도 나중에 후유증이 생겨 위험할 수도 있으니, 반드시 정확하게 병원 기록으로 남겨 두는 것이 중요합니다.

한편 정신과 진료를 보게 된다면 어떨까요? 의사에 따라서 진료 기록을 매우 간단하게 적는 경우도 많아요. 게다가 정신과 질환은 어린 시절의 경험부터 묻는 경우가 많고, 특히 개인의 문제로 지금의 문제를 파악하려는 경향도 많거든요. 생각해 보면, 과거부터 이어져 온 나와 지금 회사에서 일하는 내가 분리될 수는 없어요. 다만, '내가 지금 이 회사에서 힘들다' 또는 '지금 회사에서는 이런 것 때문에 힘들다'는 이야기를 진료 기록에 남긴다면 충분합니다. 의사에게도 나중에 산재보상을 신청하게 될 수도 있으니 직장과 관련한 부분은 자세히 기록해 달라고 이야기하는 게 도움이 될 거예요.

2) 4일 이상 아플 때 신청 가능!

산재보상 신청은 '4일 이상의 치료'가 필요할 때 할 수 있습니다. 정확한 치료 기간은 의사가 소견서에 써 주는 내용을 따르는데, 그 기간이 4일 이상이면 꼭 산재보상을 신청하세요. 가벼운 부상이라면 병원에 하루나 이틀만 다녀올 수도 있겠죠.

예를 들어, 정호진(가명) 씨가 출근길에 신호 대기 중인 상태에서 뒷차가 미끄러져 가벼운 접촉 사고가 났다고 해 볼게요. 호진 씨는 입원해서 상태를 보고, 검사를 진행한 다음 이틀 뒤에 퇴원했어요. 이런 경우 치료 기간이 4일이 되지 않으니 산재 신청을 할 수 없어요. 대신, 4일 미만의 치료를 한다면 회사에 비용을 청구할 수 있습니다.

「근로기준법」에 사업주는 노동자의 '업무상 부상 또는 질병'에 대해 보상할 의무가 있다고 규정되어 있습니다. 즉, 노동자가 다치면 회사가 비용을 부담하는 게 원칙입니다. 4일 이상일 경우에는 산재보험이 그 의무를 대신하는 것이지요. 산재보험과 마찬가지로, 실수로 다쳤더라도 회사에 비용을 청구할 수 있으니, 치료비와 일을 하지 못하는 기간 동안 임금을 꼭 청구하세요!

근로기준법 제78조(요양보상)

① 근로자가 업무상 부상 또는 질병에 걸리면 사용자는 그 비용으로 필요한 요양을 행하거나 필요한 요양비를 부담하여야 한다.

② 제1항에 따른 업무상 질병과 요양의 범위 및 요양보상의 시기는 대통령령으로 정한다. 〈개정 2008. 3. 21.〉

3) 회사가 공상으로 하자고 할 때

앞서 이야기했듯이, 4일 이상의 치료가 필요한 상황이라면 노동자는 산재보상 신청을 통해 보험급여를 받아야 합니다. 4일 미만의 치료가 필요한 산업재해라면 「근로기준법」에 따라 회사가 노동자의 치료비를 부담해야 하고요. 그런데 4일 이상의 치료가 필요한 상황인데도 회사가 치료비를 내줄 테니 산재보상 신청을 하지 말라고 회유하는 일이 빈번하게 일어납니다. 산재보상을 신청하는 노동자에게 불이익을 주기도 하고요. 이렇게 산재보상 신청 대신에 회사가 치료비를 지급하는 걸 통상 '공상처리'라고 부릅니다.

산재보상을 신청했다는 까닭으로 해고하고 불이익을 주는 것은 '부당해고'이며, 법으로 금지되어 있어요. 그런데 회사는 '해고'처럼 눈에 보이는 방법으로 산재보험 신청을 막는 것 말고도 여러 가지 방법을 사용할 수 있습니다. 공상처리로 다 치료하고 나면 다시 일하게 해 주겠다거나, 계약직이라면 계약을 연장해 줄 테니 공상으로 처리하자고 말하기도 합니다. 일단 일하다 다치면 다친 사람의 잘못이라고 다그치고 비난하면서 기죽이는 경우도 많고요. 노동자들은 회사와 껄끄러워지면서까지 산재보상 신청을 하기보다 문제를 만들지 않고 계속 일하는 것을 선택하는 경우가 많습니다. 회사와 싸우는 것은 매우 어렵기 때문에 산재보험 신청을 포기하고 치료비를 회사에서 내주는 선에서 협상하는 경우도 많아요. 하지만 정확히 알아 두세요. 회사가 산업재해 발생을 숨기는 것은 불법입니다!

산업안전보건법 제57조(산업재해 발생 은폐 금지 및 보고 등)

① 사업주는 산업재해가 발생하였을 때에는 그 발생 사실을 은폐해서는 아니 된다.

② 사업주는 고용노동부령으로 정하는 바에 따라 산업재해의 발생 원인 등을 기록하여 보존하여야 한다.

③ 사업주는 고용노동부령으로 정하는 산업재해에 대해서는 그 발생 개요·원인 및 보고 시기, 재발방지 계획 등을 고용노동부령으로 정하는 바에 따라 고용노동부장관에게 보고하여야 한다.

일하다가 벌어진 피해인데, 산재 신청 과정에서 왜 회사의 역할은 보이지 않을까요? 「산업안전보건법」에서 회사가 산재 발생 사실을 감추면 1천만 원 이하의 벌금을 내야 한다고 정해 놓았지만, 이 법은 회사도 지키지 않고 정부도 감독하지 않습니다. 노동자가 산재 신청을 했는데 증거자료를 내주지 않거나, 담당자나 동료 직원들에게 산재가 아니라는 증언을 받아 두는 회사도 많아요. 이런 식으로 산재를 방관하고, 협조하지 않는 기업을 감독하고 제재할 방법이 없습니다. 「산재보험법」에서는 노동자가 산재 신청을 어려워하면 회사가 도와야 한다고 말하지만, 이를 지키지 않았다고 해서 벌금이나 과태료를 매기는 것도 아닙니다.

회사는 왜 산재 신청을 꺼리는 걸까요? 직장 내 노동자수가 30명이 넘는 회사에서 '사고가 일어나 산업재해가 발생'해 산재보상 신청이 이루어지면 보험료를 더 내야 할 수도 있고, 노동부에서 사업장을 점검하는 '근로감독' 대상이될 수도 있습니다. 이 두 가지가 산재보험 신청을 꺼리는가장 큰 까닭인데, 회사가 잘못 알고 있는 부분도 있습니다.

첫째, 사고가 아니라 '직업병'으로 산재보상 신청을 했다면 보험료는 오르지 않아요. 둘째, 30인 미만의 작은 사업장은 '사고로 인한 산업재해'로 산재보상 신청을 해도 보험료가 오르지 않습니다. 그러니 산재보험을 통해 보상을 하는 게 회사에도 유리할 수 있어요. 회사가 다친 노동자에게줄 치료비와 임금을 산재보험의 요양급여와 휴업급여로 대신하는 것이니까요. 사용자의 경우 사업을 시작할 때 산재보험 가입 신고를 하지 않았다면, 늦게라도 가입해야 합니다. 물론, 미가입 기간 동안 보험료 소급분과 미납된 보험료의 10%에 해당하는 가산금을 내야 해요. 이때 보험료 소급분은 최대 3년치까지 부과됩니다.

만약 회사가 산재보상 신청으로 받는 돈보다 훨씬 넉넉하게 공상처리를 해 준다고 하면 어떻게 해야 할까요? 자세히 따져보면 산재보험으로 받을 수 있는 수준보다 턱없이 낮은 조건일 때가 많습니다. 병원비, 일하지 못하는 기간 동안 휴업급여, 치료가 끝난 뒤에 다시 아프면 할 수 있는 재요양 신청처럼 산재보험으로 보장되는 부분이 훨씬 크거든요. 다만, 후유증이 남을 위험이 없는 경우에 회사가 병원비와 임금, 위로금을 모두 보장한다면, 공상처리를 생각해 볼 수도 있겠지요. 또 공상으로 처리하고 회사한테 돈을 받은 뒤에 마음이 바뀌었다면 그때 산재 신청을 하는 것도 가능합니다. 하지만 이중 보상은 받을 수 없으니, 회사한테 지급받은 돈은 모두 반납해야 합니다. 이 책에서는 처음부터 산재보상으로 신청하는 편을 권합니다.

4) 상황을 자세히 정리하고 증거를 모아요

산재보상을 신청할 때 필요한 서류 가운데, '재해 경위'를 써야 하는 부분이 있어요. 어떻게 다치게 되었는지 설명하는 것입니다. 재해 경위를 최대한 정확하고 자세하게 써야 조금이라도 수월하게 산재 승인이 이루어질 수 있어요. 산재 신청을 한다는 건 내가 무슨 일을 하는지 모르는 사람들에게 "일 때문에 아프다"고 전하는 일입니다. 아무런 정보가 없는 사람이 보아도 '아, 이 사람에게 이런 일이 있었구나' 하고 알 수 있게끔 육하원칙에 따라서 작성해야 해요. 아래 예시처럼 사고 관련 정보를 명확하게 정리하는 게 좋아요.

※ 산업재해 재해 경위

① **누가**(who) : 나

② **언제**(when) : 2021년 6월 28일 월요일 오후 2시 30분경

③ **어디서**(where) : □□철강 1공장 컨베이어 벨트 주변에서

④ **무엇을**(what) : 왼손 검지 골절상을 입음

⑤ **어떻게**(how) : 중심을 잃고 넘어지다가 왼손으로 땅을 짚음

⑥ **왜**(why) : 바닥에 있던 망치를 밟음

▷ 본인은 2021년 6월 28일 월요일 오후 2시 30분경에 □□철강 1공장 컨베이어 벨트 주변에서 바닥에 있던 망치를 밟고 중심을 잃어 넘어지다가 왼손으로 땅을 짚어서 왼손 검지 골절상을 입음.

증거를 모은다는 말은 무슨 뜻일까요? 육하원칙에 따라 사건을 구성하다 보면 사실을 뒷받침할 증거가 필요할 수 있겠죠. 위 사건에서는 컨베이어 벨트 둘레에 있던 동료들의 증언, 또는 작업장을 비추는 CCTV 촬영본 들이 증거가 될 수 있습니다. 여러 사람과 함께 일하고 있었다면 목격자도 여러 명이니 사실을 확인받기가 수월해요. 이때, 목격자의 말은 '진술서'처럼 서류로 남겨 두는 것이 가장 좋아요. 진술서를 받는 게 어렵다면, 산재 신청서 항목 중 목격자 정보를 쓰는 칸에 이름과 연락처를 적을 수도 있어요. 어느 쪽이든 미리미리 목격자와 연락해 두는 것을 추천합니다.

다른 예도 들어 볼게요. 대학생인 남지민(가명) 씨는 연휴 중 이틀만 일당을 받고 카페에서 일을 하기로 했어요. 출근한 지 반나절도 되지 않은 시간, 스콘을 만들어 오븐에 넣다가 손가락이 끼이는 사고가 났어요. 피는 나지 않았지만, 시간이 지나도 손가락을 움직일 수가 없었어요. 부랴부랴 응급실에 갔습니다.

이 사건의 당사자인 지민 씨가 준비할 수 있는 증거는 무엇일까요? 가장 먼저, 병원에 갔을 때 담당 의사에게 '왜' 다쳤는지 이야기해서 의료 기록을 남기는 것입니다. "카페에서 스콘을 만들다가 오븐에 손가락이 끼었어요" 이렇게 요. 다음으로, 카페에서 함께 있었던 사람들 연락처를 받아 두면 목격자 진술을 받을 때 도움이 될 거예요. 마지막, 정식으로 근로계약서를 쓰고 일한 게 아니기 때문에 '사장에게 일당을 약속받고 일했다'는 걸 확인할 수 있는 증거가 필요해요. 문자메시지가 있다면 지우지 말고 화면을 잘 저장해 두세요. 전화 통화로만 이야기했다고 해도, 구두계약도 계약이기 때문에 너무 좌절하지 않아도 됩니다.

사고가 아니라 질병이라면 어떻게 해야 할까요? 날마다 상자를 들고 나르며 일한 택배 노동자가 허리가 아파서 병원에 갔습니다. 디스크 판정을 받았어요. 이럴 때 어떤 증거를 모아야 할까요? 가장 중요한 단계는 일단 병원에 가는 것입니다. 그런 다음 디스크가 생길 수밖에 없는 환경이었다는 걸 설명하는 증거를 찾아야 해요. 택배를 하루에 몇 개나 옮기는지, 평균 노동시간이 어떻게 되는지, 얼마나 많이 걷고 뛰는지처럼 일과 관련된 모든 게 증거가 될 수 있어요. 차 안에 가득 찬 택배 상자 사진을 찍고, 만보기나 스마트폰 앱으로 걸음 수를 측정하고, 출퇴근 시간을 기록한 수첩이나, 밤 9시에 "아직 두 집 남았어"라고 보낸 문자메시지 같은 게 모두 증거가 될 수 있어요.

아프거나 다치기 전, 평소에 내가 일하는 환경을 동영상으로 남겨 두면 도움이 됩니다. 화학물질을 사용하는 노동자라면 일터 곳곳에 놓인 화학물질, 화학물질을 설명한 라벨이나 표를 사진으로 찍어 두세요. 글씨가 적혀 있다면 글씨가 잘 보이게 사진을 찍어 두세요. 전체적인 환경을 보여 주고 싶을 땐 장소를 넓게 찍고, 사용하는 기계나 장비는 가까이서 자세히 찍는 것이 중요합니다.

회사에 노동조합이 있다면, 노동조합과 상의하는 방법을 가장 추천합니다! 같은 직장에서 일하는 노동자로 구성된 만큼 일터의 위험 요소를 잘 파악하고 있거든요. 조합원들이 업무 환경에 대한 진술서를 작성해 주거나, 증거자료를 수집할 때 도와줄 수 있어요. 만약 노동조합은 있는데 아직 이런 일을 하지 않는다면 제안해 보는 것도 좋겠네요.

5) 예전에 다친 것도 보상받을 수 있나요?

마지막으로 '소멸시효'에 대해 이야기할게요. '소멸시효'는 보험급여를 받을 권리가 있는 기간 안에 권리를 행사하지 않으면 그 권리가 소멸하는 제도를 뜻해요. 다친 지 얼마 되지 않아 병원에 입원해 산재보상 신청을 알아보고 있다면 소멸시효를 걱정할 필요는 없습니다. 만약 한 달 전, 혹은

1~2년 전에 다쳤던 걸 뒤늦게 산재보상 신청하고 싶은 상황이라면 어떨까요? 「산재보험법」에서는 산재보상 신청을 해서 보험급여를 받을 권리는 '3년 내 행사할 수 있다'고 말하고 있어요. 예외로, 몸에 장해가 남았거나, 유가족이 유족급여를 신청하는 경우에는 5년 이내에 신청할 수 있어요.

일하다가 사고를 당해서 산재보상을 신청할 거라면, 사고가 일어난 다음 날을 기준으로 3년 이내에 신청해야 합니다. 일 때문에 병이 생겼다면, 처음 병원에 가서 진단받은 다음 날이 기준이 되고요. 유가족이 산재보상 신청을 할 땐 노동자가 사망한 다음 날을 기준으로 5년 이내에 신청해야 합니다.

산업재해보상보험법 제112조(시효)

① 다음 각 호의 권리는 3년간 행사하지 아니하면 시효로 말미암아 소멸한다. 다만, 제1호의 보험급여 중 장해급여, 유족급여, 장례비, 진폐보상연금 및 진폐유족연금을 받을 권리는 5년간 행사하지 아니하면 시효의 완성으로 소멸한다. 〈개정 2010. 1. 27., 2018. 6. 12., 2021. 1. 26.〉

※ 산재보험급여 소멸시효 예시

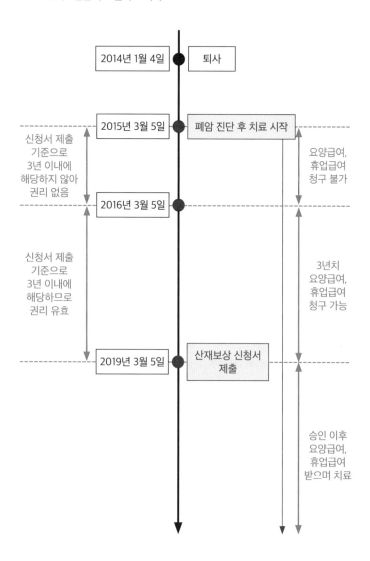

일하다가 사고가 나거나 병이 생긴 지 3년이 지났는데 아직까지 치료를 받고 있는 상황이라면 어떨까요? 그동안 꾸준히 치료를 받아왔다면 산재신청을 할 수 있어요. 급여가 보장되는 기간이 신청한 날로부터 과거 3년 치로 제한되긴 하지만요. 그래도 산재 승인이 되면 과거의 보험급여는 물론이고, 앞으로 발생하는 치료비와 휴업급여를 보장받을 수 있으니 꼭 신청해 보는 게 좋겠죠?

소멸시효는 질병에 걸린 노동자에게 특히 중요합니다. 직업성 암을 비롯해 질병은 일을 시작한 지 한참 시간이 지난 뒤에 생기기도 하니까요. 심지어 직장을 그만둔 다음 병이 생기면 이게 일 때문인지 아닌지 당사자조차 헷갈립니다. 왼쪽 그림과 함께 페인트 도장 업무를 해 온 노동자를 예로 들어 살펴볼게요.

청선일(가명) 씨는 스무 해 넘게 페인트 도장 일을 했습니다. 공장은 몇 번 옮겼지만, 스프레이를 이용해 물건에 색을 입히는 일을 하는 건 어느 공장이든 같았어요. 철제 구조물, 자동차 부품처럼 색을 입힐 물건만 달라졌죠. 2014년 1월에 마지막 회사에서 퇴사하고, 이듬해 3월 5일에 폐암 진단을 받았습니다. 당시에는 몰랐다가, 2019년 3월 5일에 폐암이 일 때문에 생겼을 수도 있다는 걸 알고, 선일 씨는 산재 보상 신청을 했습니다.

암 진단을 받은 지 이미 4년이 지났으니 요양급여와 휴업급여를 아예 청구하지 못할까요? 다행히 그렇지 않습니다. 앞서 말했듯 치료가 이전부터 계속되었다면 산재보상을 신청한 날을 기준으로 3년 이내의 권리는 유효합니다. 즉, 산재보상 신청서를 제출한 2019년 3월 5일부터 거꾸로 3년을 계산한 시점인 2016년 3월 5일부터 발생한 병원비 (요양급여)와 휴업급여는 청구할 수 있어요. 2015년 3월 5일부터 2016년 3월 4일 사이의 병원비와 휴업급여는 소멸시효가 지났기 때문에 청구하는 게 불가능하고요. 물론, 소멸시효가 남아 있더라도 산재 신청은 가능한 빠르게 하는 게 좋습니다. 시간이 흐를수록 증거나 증인을 찾기 힘들어지거든요.

여기까지 산재보험을 신청하기 전에 알아 두면 좋은 정보를 간략히 살펴보았어요. 여기에서 짚은 내용을 바탕으로 이제 산재보험 신청을 해 보도록 합시다.

3부

산재보상 신청하기
실전

+

산재보험을 처음 접하는 사람이라면, 2부에서 설명한 여러 가지 용어부터 낯설었을 거예요. 산재보험 신청 과정을 정리한 흐름도도 버겁게 느낄 수 있습니다. 일상생활에서 사용하는 용어가 거의 없거든요. 산재보험은 분명 사회보험 제도 가운데 하나인데 왜 이렇게 어렵고, 신청해야 하는 게 많은지 항상 궁금하지만, 일단은 제도를 활용해야 하니 산재보험 신청 흐름도를 봐 주세요. 전체적인 흐름을 파악하고 있으면, 필요할 때 검색하고 여기저기 물어서 해결할 수 있을 거예요.

※ 산재보험 신청 흐름도

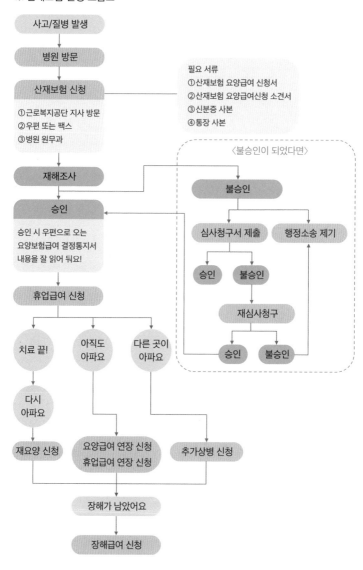

사고/질병 발생

병원 방문

산재보험 신청

① 근로복지공단 지사 방문
② 우편 또는 팩스
③ 병원 원무과

필요 서류
① 산재보험 요양급여 신청서
② 산재보험 요양급여신청 소견서
③ 신분증 사본
④ 통장 사본

재해조사

승인

승인 시 우편으로 오는
요양보험급여 결정통지서
내용을 잘 읽어 둬요!

휴업급여 신청

치료 끝!

아직도
아파요

다른 곳이
아파요

다시
아파요

재요양 신청

요양급여 연장 신청
휴업급여 연장 신청

추가상병 신청

장해가 남았어요

장해급여 신청

〈불승인이 되었다면〉

불승인

심사청구서 제출

행정소송 제기

승인

불승인

재심사청구

승인

불승인

1 신청서류 준비하기

　산재보상 신청을 하는 가장 편리하고 쉬운 방법은 '산재 지정병원에서 진료받고 원무과에 대리 신청을 요청하는 것'입니다. 병원 원무과에 가서 "산재(보상) 신청하려고요" 하고 말하면 필요한 정보를 안내해 줄 거예요. 원무과에 대리 신청을 하면 산재보상 신청에 필요한 서류를 발급받는 것도 편리합니다.

　내가 다니는 병원이 '산재 지정병원'인지 아닌지 궁금하다면 근로복지공단 대표전화 '1588-0075'에 전화해 물어보거나, 공단 홈페이지에 들어가 '산재지정 의료기관 찾기'에서 검색하면 쉽게 찾아볼 수 있어요.

혼자서 산재보상을 신청해야 하는 상황이거나, 산재보상 신청 절차가 궁금하신 분들도 있겠죠? 자, 이제 산재보상 신청 방법을 차근차근 알려 드리겠습니다. '업무상 사고' '업무상 질병' '출퇴근 재해'의 전체적인 신청 절차는 같아요. 일 때문에 발생한 사고나 질병으로 치료를 받은 다음 또는 치료를 받는 중에 산재 신청을 합니다. 신청서를 제출하면 근로복지공단의 검토와 조사를 거쳐서 신청이 승인되거나 불승인이 됩니다. 업무상 사고로 산재 신청하는 절차를 먼저 설명하고, 업무상 질병과 출퇴근 재해로 신청할 때 다른 점이 있다면 따로 설명하도록 할게요.

산재보상 신청을 할 때 필요한 서류는 다음과 같아요. 신분증 사본과 통장 사본은 따로 설명할 필요가 없을 만큼 일반적인 서류입니다. 지금은 〈요양급여 신청서〉와 〈요양급여신청 소견서〉를 작성하는 방법을 설명할게요.

① 산업재해보상보험 요양급여 신청서

② 산업재해보상보험 요양급여신청 소견서

③ 본인 신분증 사본

④ 통장 사본

(①, ②는 근로복지공단 요양업무처리규정 별지 제2, 3호 서식 활용)

1) 요양급여 신청서 작성하기

정식 명칭은 〈산업재해보상보험 요양급여 신청서〉입니다. 이 서류의 빈칸을 잘 채워서 제출하면 됩니다.

〈요양급여 신청서〉 서식은 근로복지공단 홈페이지에서 다운로드 후 출력하거나, 병원 원무과에 요청해서 받을 수 있어요. 산재보상 신청을 조금이라도 쉽게 하고 싶다면 처음 이야기한 대로 가장 먼저 병원 원무과의 산재 담당자를 찾아가는 게 좋아요. 산재 지정병원들은 요양급여 신청을 대신할 수 있는 자격이 있습니다. 필요한 서류를 원무과를 통해서 제출한다면 시간을 많이 아낄 수 있습니다.

치료받는 병원이 산재 지정병원이 아니라면, 요양급여 신

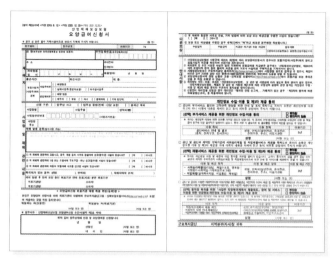

산업재해보상보험 요양급여 신청서

청을 할 수 없기 때문에 다음 두 가지 방법 중 하나를 택해야 해요. 산재 지정병원으로 옮긴 뒤 요양급여 신청을 하거나, 지금 병원에서 치료를 모두 끝낸 다음 '요양비 청구(114쪽 참조)'를 하는 것입니다. '요양비 청구'는 일단 병원비를 본인이 먼저 부담하고 나중에 돌려받는 것이니, 병이 심각하거나 완치까지 긴 시간이 걸린다면 산재 지정병원으로 옮기는 것을 추천합니다. 지정병원으로 옮기기 전에 발생한 병원비는 '요양비 청구'를 통해 돌려받으면 돼요.

〈요양급여 신청서〉는 크게 '재해자' 항목과 '사업장 및 재해 관련 내용' 항목으로 나뉘어요. '재해자' 항목에는 신청자의 이름, 주민등록번호, 주소 같은 기본 정보를 쓰면 돼요. '재해발생 일시'에는 일하다가 사고가 일어난 날짜와 시간을 씁니다. 출퇴근길에 사고가 난 경우에도 사고가 일어난 날짜와 시간을 쓰고, 업무상 질병의 경우에는 아파서 처음 병원에 간 날짜와 시간을 적으면 됩니다.

TIP 이주 노동자도 산재 신청 할 수 있어요!

한국에서는 직장에 고용되어 일하는 사람이라면 누구나 산재 신청을 할 수 있어요. '누구나'에는 이주 노동자도 포함됩니다. 미등록 이주 노동자도 얼마든지 산재 신청을 할 수 있고, 산재로 승인이 나면 치료받는 동안에는 임시비자가 나와 안정적으로 치료받을 수 있습니다.

'사업장 및 재해 관련 내용' 가장 윗부분에는 '신청 구분'이라는 항목이 있어요. "당신은 어떤 종류의 산업재해를 겪었습니까?" 하고 묻는 내용입니다. 항목에는 업무상 사고, 업무상 질병, 출퇴근 재해 세 가지로 나뉘어 있으니 본인이 해당하는 항목에 표시하면 됩니다. 내가 겪은 일이 어디에 해당하는지 사례를 들어 살펴볼게요.

업무상 사고

① 노동자가 업무 또는 업무 수행에 필요한 행위를 하다가 발생한 사고

   - 회의 자료를 제본하다가 기계에 손이 찍힘

   - 작업에 필요한 컴퓨터를 창고에서 사무실로 옮기다가 넘어져서 다리가 부러짐

② 사업주가 제공한 시설을 이용하던 중 시설물 결함이나 관리 소홀로 발생한 사고

   - 조립라인에서 나가다가 바닥에 튀어나온 나사에 걸려 넘어져 허리를 다침

③ 사업주가 주관하거나 사업주의 지시에 따라 참여한 행사, 행사 준비에서 발생한 사고

   - 해마다 열리는 사내 체육대회에서 달리기를 하다가 발목을 삠

   - 워크숍 준비 MT에 가서 음식을 만들다가 팔에 화상을 입음

④ 휴게시간 중 사업주의 관리하에 있다고 볼 수 있는 행위로 발생한 사고

   - 탕비실에서 설거지를 하다가 컵이 깨져 손가락을 베임

⑤ 그밖에 업무와 관련하여 발생한 사고

업무상 질병

① 업무 환경이 원인이 되어 생긴 여러 가지 질병

  - 시끄러운 곳에서 일하다가 귀가 잘 안 들려 '소음성 난청' 진단

  - 급식실에서 일하던 급식 조리사가 퇴직 후 폐암 발병

  - 회사를 퇴직한 뒤에 병이 발생했어도 업무와 연관이 있다면 업무상 질병으로 인정됩니다.

출퇴근 재해

① 사업주가 제공한 교통수단이나 그에 준하는 교통수단을 이용하는 등 사업주의 지배관리하에서 출퇴근하는 중 발생한 사고

  - 회사 통근버스를 타고 퇴근하는 길에 교통사고가 일어나 가슴에 타박상을 입음

  - 회사 통근버스를 타러 가는 길에 자전거와 부딪혀 넘어지면서 양팔에 찰과상을 입음

② 그밖에 '통상적인 경로'와 방법으로 출퇴근하는 중 발생한 사고

  - 반차를 쓰고 병원에 들렀다가 집에 가는 길에 교통사고가 나서 다리를 다침

③ '통상적인 경로'에서 벗어났으나, '일상생활에 필요한 행위'를 위한 경로에서 발생한 사고. 일상생활에 필요한 행위는 다음과 같음

- 일상생활에 필요한 물건을 사는 행위
- 학교, 직업훈련기관에서 직업능력을 개발할 수 있는 교육이나 훈련 들을 받는 행위
- 선거권이나 국민투표권을 행사하는 행위
- 근로자가 사실상 보호하고 있는 아동 또는 장애인을 보육기관이나 교육기관에 데려다주거나, 데려오는 행위
- 의료기관 또는 보건소에서 질병 치료나 예방을 위해 진료받는 행위
- 근로자의 돌봄이 필요한 가족 중 의료기관 등에서 요양하는 가족을 돌보는 행위
- 위 규정에 준하는 행위로써 고용노동부장관이 일상생활에 필요한 행위라고 인정하는 행위

'사업장 및 재해 관련 내용' 부분에는 사업장 정보를 자세히 적게 되어 있는데요. 노동자가 사업주 이름이나 사업장 관리번호를 세세히 알기 어려울 수 있어요. 회사가 산재보상 신청에 협조한다면 직접 물어보고 적으면 됩니다.

만약 관계가 나빠 물어보기 어렵더라도 걱정하지 마세요. 일단 빈칸으로 남겨 두고 신청서를 제출해도 됩니다. 신청서를 제출한 다음 근로복지공단 담당자와 상의하면 되니

까, 모르겠다면 비워 둬도 괜찮아요.

'재해발생 경위'는 상세하게 써야 합니다. 앞서 육하원칙에 따라 상황을 정리해야 한다고 이야기했던 까닭이 바로 이 때문이에요. 재해발생 경위를 잘 써서 상황을 충분히 설명해야 산재보상 승인이 조금이라도 수월하게 이루어질 수 있거든요. 내용을 작성하는 칸이 모자라면 추가 서류를 제출하는 것도 가능합니다.

TIP 산업재해보상보험 요양급여 신청서 작성

① 신청서 서식: 병원 원무과에 요청 또는 근로복지공단 홈페이지에서 다운로드

② 사업장 정보: 회사에 물어봐서 작성. 비워 두고 제출하는 것도 가능!

③ 재해발생 경위: 자세할수록 좋아요. 칸이 부족하면 별도로 종이를 첨부하세요.

---

2) 요양급여신청 소견서 받기

요양급여를 신청할 땐 반드시 의사의 소견서를 함께 제출해야 해요. 〈요양급여 신청서〉를 제출할 때는 〈산업재해보상보험 요양급여신청 소견서〉를 첨부해야 합니다. 요양

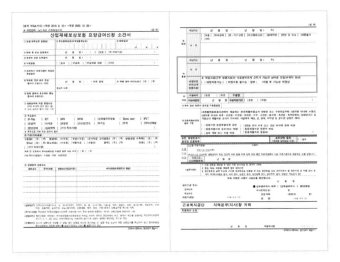

산업재해보상보험 요양급여신청 소견서

급여신청용 소견서는 근로복지공단 홈페이지에서 검색해서 다운로드한 뒤 출력하거나, 병원 원무과에 요청해서 받을 수 있어요. 편한 방법으로 준비하되, 병원 원무과에서 산재 신청을 담당하는 부서가 따로 있다면 그곳을 통해 신청하는 게 가장 편리하고 좋습니다.

준비한 소견서를 들고 담당 의사에게 가서 "산재 신청용 소견서 작성해 주세요" 하고 말하면 됩니다. 의사의 도장을 받고 나서, 원무과에 방문해 병원 도장을 받으면 소견서 준

	예상 기간	2021년 09월 29일 ~ 2021년 10월 27일 (4주)
⑯ 통원	사유	오른 손목 골절
	취업치료여부 (근무 병행치료)	※ 취업치료(근무 병행치료)는 치료받으면서 근무가 가능한 상태를 말함(의학적 판단) [ ] 취업치료 가능 [√] 취업치료 불가능 : 향후 (1)개월 후 가능성 재판단

요양급여신청 소견서 ⑯번 항목 작성 예시

비 끝! 소견서 내용은 모두 의사가 작성하는 것이라서 크게 부담 가질 필요는 없지만, 신청하는 노동자가 챙겨야 할 항목이 하나 있어요. 소견서의 ⑯번 항목 '통원치료 예상 기간과 취업치료'에 대한 부분입니다.

⑯번 항목은 말 그대로 통원치료를 얼마나 오래 해야 하는지 '예상 기간'을 적고, 취업치료가 가능한지 아닌지를 쓰는 곳입니다. '취업치료'란 말 그대로 일과 치료를 병행하는 것을 말해요. '취업치료가 가능한 상태'라면 일과 치료를 병행할 수 있는 상태라는 뜻입니다.

여기에 쓴 예상 기간을 바탕으로 요양 기간이 정해집니다. 또 취업치료가 가능한지 아닌지에 따라 휴업급여를 받을 수 있는지 없는지가 결정돼요. 요양 기간에 따라 산재보험으로 치료비가 처리되는 기간, 휴업급여를 받을 수 있는 기간이 정해지니 아주 중요한 부분입니다. 담당 의사는 의학적 판단에 따라 '신체 회복'에 걸리는 기간을 적습니다. 문제는, 의학적으로 신체가 회복되었다고 해도 노동자가 곧바로 '일할 수 있는 몸 상태'가 되는 것이 아니라는 겁니다.

일러스트 디자인 업무를 하는 유은미(가명) 씨가 출근하다가 회사 계단에서 크게 넘어지는 바람에 오른쪽 손목을 다쳤다고 해 봅시다. 손목이 부러져서 전치 4주 진단을 받았고, 의사는 당연히 소견서에 통원 예상 기간을 4주라고 썼어요. 다친 부위가 손목이라 일러스트 디자인 작업도 당연히 할 수 없게 되어 '취업치료 불가능' 상태라고 표기했습니다. 은미 씨는 치료받는 4주 동안 산재보험으로 치료비를 처리했고, 일하지 못하는 4주 동안 휴업급여도 받았습니다.

문제는, 늘어난 인대는 4주 뒤에 어느 정도 회복하겠지만, 섬세하게 손을 움직여야 하는 일러스트 작업을 할 수 있을 정도로 다 낫지 않았을 가능성이 높다는 것입니다. 4주가 지나 휴업급여는 끊겼는데, 여전히 일하기 힘든 상황이 벌어지게 되는 셈이지요.

'취업치료 여부'를 쓰는 것도 중요합니다. 제조업 공장 조립라인에 서서 물건을 검수하는 노동자가 발을 다쳤다고 해 봅시다. 어떤 의사는 "회사에서 사무직 업무로 전환해서 일할 수 있어요?"라고 묻고는 '사무직 업무는 할 수 있으니 일할 수 있겠네'라고 생각할 수 있고, 또 다른 의사는 '앉아서 일하면 괜찮겠네'라고 생각하고 "취업치료 가능"에 표시할 수 있어요. 어떤 의사는 '내가 취업치료 불가능에 표시하면 혹시 이 노동자가 불이익을 받지 않을까?' 하는 생각에 "취업치료 가능"에 표시하기도 해요. 그런데 소견서에 취업치료가 가능하다고 표시되어 있으면 노동자는 휴업급여를 받지 못합니다. 엄연히 '일할 수 있는 상태'라고 소견서가 말하고 있으니까요. 다친 다음 충분히 쉬거나 몸을 회복할 시간을 갖기 어렵게 되는 것이지요.

이 같은 상황을 막으려면 반드시 의사에게 정확하게 이야기해야 합니다. 내가 직장에서 무슨 일을 하고 있는지, 다친 몸으로 다시 일할 수 있는지, 치료 기간을 충분히 달라고 말해야 해요. 말하기 어렵다고요? 너무 부담 갖지 않아도 됩니다. 의사가 모든 직업에 대해 세세하게 알 수는 없기 때문에 내가 하는 일과 몸 상태를 가능한 자세히 설명하는 게 좋습니다. 의사가 소견서에 쓴 기간이 실제 요양 기간으로 그대로 인정되는 게 아니니까 '한번 말이라도 해 보자' 이렇게 편하게 생각하고 이야기를 꺼내 보세요.

TIP │ 산업재해보상보험 요양급여신청 소견서 받기

① 소견서 서식: 병원 원무과에 요청 또는 근로복지공단 홈페이지에서 다운로드

② 작성자: 담당 의사가 작성해요.

③ 통원치료 예상 기간: 뼈가 붙자마자 바로 일할 수는 없어요! 의사에게 최대한 자세하게 내 몸 상태를 설명하세요.

④ 도장 받기: 담당 의사와 병원 도장은 꼭 필요해요.

⑤ 요양급여신청 소견서를 받지 못했다면, 신청 대상이 되는 상병과 치료기간이 적혀 있는 진단(소견)서를 첨부해 신청해요. 근로복지공단에 물어봐서 대체 서류를 안내받을 수도 있어요.

내용을 다 채운 신청서는 병원 원무과를 통해 접수합니다. 아니면 회사 주소지 관할 근로복지공단에 직접 방문해서 제출하거나, 온라인 또는 팩스로 접수할 수 있어요.

관할 근로복지공단은 근로복지공단 홈페이지에 들어가서 '조직안내 〉 지역본부 및 지사'를 눌러 검색할 수 있고, 근로복지공단 대표전화인 '1588-0075'에 전화해 확인할 수 있어요.

가장 추천하는 방법은 '병원 원무과 산재 담당자를 통한 접수'입니다.

산재보상 신청서 제출하기

① 원무과: 병원 원무과에 요청하세요. 근로복지공단과 긴밀하게 연결되어 있어, 간편하게 신청할 수 있어요.

② 방문 및 우편: 회사 관할 근로복지공단에 제출해요.

③ 온라인, 팩스 접수: '고용·산재보험 토탈서비스' 홈페이지를 통해 제출해요. '개인-산재근로자'로 로그인 〉 민원접수 〉 요양신청 메뉴에 들어가 준비한 서류를 스캔하여 첨부하세요.

3 근로복지공단에서
회사에 의견을 물어요

　노동자가 〈요양급여 신청서〉를 제출하면, 근로복지공단에서는 신청 사실을 확인하는 절차를 거칩니다. 신청서를 제출한 노동자와 신청서의 사업장 정보에 적힌 담당자에게 전화해서 물어보는 거지요.

　노동자에게는 신청서 내용에 관해 물어봅니다. 재해 경위를 설명해 달라고 하기도 해요. 회사에서 노동자가 산재보상을 신청한 것을 알고 있는지, 일하다가 다치거나 아픈 상황을 회사에 이야기했는지 같은 것을 확인하기도 하고요.

　그다음 사업주 또는 회사 내 담당자에게 연락해서 "회사에서 ○○씨가 다쳤다는 걸 알고 있습니까?" "박스를 옮기다가 그랬다는데 맞나요?" "회사에서 일하다가 다친 게 맞습니까?" 같은 식으로 경위를 확인합니다. 공단에서 사업주에게 의견을 물을 땐 전화로 간략하게 사실 확인을 하고, 서면으로 〈보험가입자 의견서〉를 요청해요. 의견서는 회사에서 작성해서 공단에 전자우편이나 팩스, 우편으로 보내야 합니다.

회사의 의견을 묻는 까닭은 "재해사실 또는 발병사실에 대한 의견"을 듣기 위해서입니다. 노동자가 신청서에 쓴 내용이 맞는지, 회사도 그 내용에 동의하는지 물어보는 것이

보험가입자 의견서

지요. 노동자가 신청서에 적은 내용에 회사도 동의한다면 그다음 절차가 수월하게 진행되겠죠?

그러나 노동자가 일하다가 다치거나 병에 걸렸다는 걸 인정하지 않는 회사는 재해 사실을 인정하지 않는 근거 자료를 작성해서 공단에 제출할 것입니다. 이럴 경우, 산재보상 승인까지 시간이 더 걸리거나 절차가 복잡해질 수 있어요. 하지만 회사가 인정하지 않는다고 해서 무조건 불승인되는 건 아니에요. 목격자나 관련 사진처럼 자료가 있으면 도움이 되니, 잘 모아 두면 좋겠습니다.

TIP | **보험가입자 의견서**

① 〈보험가입자 의견서〉: 노동자가 제출한 요양급여 신청서 내용에 회사의 의견을 묻는 서류예요.

② 작성자: 회사가 작성해요.

③ 회사가 인정하지 않아도 무조건 불승인되는 것은 아닙니다!

---

4 근로복지공단 재해조사

    신청서를 접수하면 근로복지공단에서 내용을 파악하는 조사에 들어가요. 노동자가 제출한 서류, 사업주에게 받은 자료, 목격자 조사, 의학적 소견 같은 여러 자료를 모아 공단에서 '재해조사서'를 작성합니다. 이를 바탕으로 산재보상 신청을 승인할지 불승인할지 결정해요. 재해조사는 근로복지공단에서 담당하기 때문에 신청인인 노동자가 따로 해야 하는 일은 없어요. 다만, 현장조사가 필요하거나 '업무상 질병판정위원회'가 열린다면 꼭 참석하는 게 좋습니다.

1) 현장조사

    신청한 모든 사건에 대해 현장조사를 하는 건 아니에요. 서류만으로 확인하기 어려운 부분이 있을 때 현장조사를 합니다. 주로 근골격계질환이나 업무상 과로, 스트레스로 인한 뇌혈관질환, 심혈관계질환, 정신질환, 화학물질로 질병이 발생했을 때 현장조사가 이루어져요.

산업재해보상보험법 제117조(사업장 등에 대한 조사)

① 공단은 보험급여에 관한 결정, 심사 청구의 심리·결정 등을 위하여 확인이 필요하다고 인정하면 소속 직원에게 이 법의 적용을 받는 사업의 사무소 또는 사업장과 보험사무대행기관의 사무소에 출입하여 관계인에게 질문을 하게 하거나 관계 서류를 조사하게 할 수 있다.

② 제1항의 경우에 공단 직원은 그 권한을 표시하는 증표를 지니고 이를 관계인에게 내보여야 한다.

대형 프랜차이즈 중식당 주방에서 일하는 노동자가 손목을 움직일 수 없을 정도로 아파서 병원에 갔다고 해 봅시다. 언제부터 아팠는지, 평소에 손목 쓰는 일을 얼만큼 하는지 의사가 물어볼 거예요. 산재 신청을 할 때 의사의 의견과 현장을 찍은 사진을 잘 정리해 서류를 제출하는 것이 중요하겠죠? 하지만 현장에 직접 방문해야만 알 수 있는 것들이 있을 때는 현장조사가 이루어집니다. 일하면서 얼마나 많은 양의 재료를 손질하는지, 식당에는 손님이 얼마나 많이 오는지, 노동자가 어떤 환경에서 어떤 자세로 일하는지, 조사관이 직접 가서 확인해요.

공단에서 현장조사를 한다고 하면 회사는 이에 꼭 응해야 해요. 그러지 않으면 과태료나 불이익을 받을 수 있습니다. 신청한 노동자는 현장조사에 꼭 참석해야 하는 의무가 있는 건 아니지만, 되도록 참석하는 게 좋아요. 당사자 없이 근로복지공단에서 나온 조사관과 회사 관리자가 만난다면, 조사관은 회사의 의견만 듣게 됩니다.

TIP 재해조사 : 현장조사

① 회사는 현장조사에 응해야 합니다. 그러지 않으면 회사에 과태료나 불이익이 있습니다.
② 조사관이 회사의 의견만 듣고 조사를 끝내지 않도록, 신청한 노동자도 현장조사에 참석하는 게 좋습니다.

---

2) 업무상 질병판정위원회

업무상 질병으로 산재보상을 신청하면, 현장조사 말고도 '업무상 질병판정위원회'라는 회의를 거칩니다. 위원회는

변호사나 노무사, 의사, 산재보험 관련 업무에 5년 이상 종사한 사람, 조교수 이상으로 재직 중이거나 재직했던 사람, 산업위생관리나 인간공학 분야의 전문가로 구성해요. 바로 여기에서 서류, 진술, 의사의 소견, 그밖에 다양한 자료를 모아서 노동자가 아픈 것이 일 때문에 생겼다고 볼 수 있는지 아닌지 판단합니다.

산재보상을 신청한 노동자가 직접 질병판정위원회에 가서 진술하기도 해요. 위원회가 열리는 장소가 서울이나 대도시 중심으로 한정되어 있어서 참여하는 게 쉽지 않을 수 있습니다. 진술 시간도 짧아 어려움이 많지만, 가능한 참석해서 진술하는 걸 권합니다. 특히 몸에 장해가 남았거나 매우 큰 병에 걸렸다면 꼭 참석하길 바랍니다. 당사자가 직접 설명해야 산재보상 승인 가능성을 높일 수 있어요.

현장조사를 비롯해 역학조사까지 거쳐서 질병판정이 이루어지다 보니, 산재보상 승인이 날 때까지 긴 시간이 걸립니다. 그동안 노동자는 병원비를 개인 비용으로 부담해야 하고, 휴업급여도 받지 못해 생계가 어려워져요. 그래서 특정 업무 및 질병에 대해선 '추정의 원칙'을 두어 역학조사 없이 바로 판정이 이루어지게끔 했습니다.

예를 들어, '반도체 및 LCD 생산 업무'를 1년 이상 하고 퇴직한 지 10년 이내인 노동자에게 백혈병, 폐암, 난소암 외 5개 암이 생기면 역학조사를 생략하고 바로 판정 단계로 넘어가는 거예요. 2019년 7월부터는 '6대 근골격계질환'에도 추정의 원칙을 적용하기 시작했어요. 10년 이상 용접 노동자로 일한 사람이 요추간판 탈출증 진단을 받아서 산재보상을 신청하면, 다른 절차는 생략하고 바로 질병판정위원회 심의를 받게 됩니다.

추정의 원칙을 적용하는 범위를 넓혀 가고 있지만, 근무기간 조건이 까다로운 데다가 아직은 너무나 적은 사례에만 이 원칙을 적용하기 때문에, 이 부분은 근로복지공단 산재 처리 담당자와 꼭 상의하기 바랍니다.

TIP 재해조사 : 업무상 질병판정위원회

① '업무상 질병'으로 산재를 신청하면 '업무상 질병판정위원회' 회의를 거칩니다.

② 추정의 원칙: 특정 업무를 하다가 생긴 특정 질병 가운데 아주 일부는 현장조사나 역학조사를 하지 않고, 바로 판정 단계로 넘어갈 수 있어요.

산재보상 승인 이후에 할 일

근로복지공단은 제출받은 신청서와 조사를 바탕으로 '산업재해다(승인)' '산업재해가 아니다(불승인)'를 결정합니다. 산재보상이 승인되면 〈요양·보험급여 결정 통지서(산재보험카드)〉가 우편으로 옵니다.

우편에는 어떤 병명으로 산재보상을 승인한 것인지, 입원 및 통원 일수는 며칠인지 같은 기본 정보가 써 있어요. 통지서에 적힌 입원 및 통원 일수에 대해서만 요양급여와 휴업급여를 받을 수 있으니 잘 확인해야 합니다. 우편물을 받으면 '통지사항' 부분을 꼼꼼하게 읽어 보세요. 지금부터 실제 예시를 들어 내용을 살펴볼게요.

요양·보험급여 결정 통지서(산재보험카드) 앞면

통지서를 보면 "결정사항: 최초요양" "승인(지급)여부: 승인"이라고 써 있어요. 다친 뒤에 처음으로 요양급여를 신청한 것이기 때문에 '최초요양'이 '승인'되었다는 뜻이에요. 결정내용에 적힌 대로 입원 기간 8일과 통원치료 기간 30일 동안에 대해 요양급여를 받을 수 있습니다.

이제 '통지사항'에 적힌 세부내용을 볼까요? "1. 산재 승인 전 요양비 신청하시기 바랍니다." "2. 타 사업장 취업 중으로 휴업급여 신청 대상은 아님을 알려드립니다." 이렇게 나와 있네요. 통지사항에 적힌 내용에 따라 어떤 일을 추가로 해야 할지 알 수 있어요. 이 노동자는 산재보상이 승인되기 전에 병원에 낸 치료비가 있다면 '요양비 신청'을 해서 이미 낸 병원비를 현금으로 되돌려 받을 수 있습니다. 승인 통지서를 받은 뒤에 이루어지는 치료에 대해선 병원비를 내지 않아도 돼요. 요양급여를 통해 병원 서비스를 받을 수 있으니까요.

휴업급여는 받을 수 없습니다. '타 사업장 취업 중'으로 휴업급여 신청 대상이 아니라고 나와 있어요. 이 노동자는 주말에 아르바이트를 하다가 다쳤는데, 주중에는 원래 일하는 직장에 출근해야 했습니다. 다친 건 산재가 맞으니 요양급여는 받을 수 있지만, 직장에 계속 출근하는 걸로 보아 '취업치료(일과 치료를 병행)'가 가능한 상태이기 때문에 휴업급여는 신청할 수 없어요.

결정 통지서의 뒷면도 잘 읽어 보세요. 우리가 2부에서 살펴본 다양한 산재보험 급여를 언제 어느 때에 받을 수 있는지 잘 나와 있습니다. 그럼 지금부터는 통지서를 받은 뒤에 상황에 따라 신청해야 하는 급여에 대해 이야기할게요. 산재 승인이 이루어졌다고 해서 공단에서 자동으로 해당 급여를

요양·보험급여 결정 통지서(산재보험카드) 뒷면

주지는 않기 때문에 받을 수 있는 급여가 있다면 노동자가 잘
찾아보고 신청해야 합니다.

TIP 요양·보험급여 결정 통지서(산재보험카드)를 받은 다음 할 일

① 통지서 앞뒷면 꼼꼼하게 읽기!

② 승인된 상병명, 요양 기간 들을 잘 확인해야 합니다.

③ 통지서 뒷면: 내가 받을 수 있는 산재보험 급여가 있는지 확인해 보세요.

---

1) 요양비 청구하기

산재보험에서 '요양급여'는 노동자에게 치료비를 돈으로 지급하는 게 아니라, '병원 치료 서비스'를 제공하는 방식으로 이루어져요. 비급여 항목은 노동자가 부담해야 하지만, 산재보상 승인이 나면 병원에 돈을 내지 않아도 치료를 받을 수 있습니다. 승인이 이루어지기 전에 노동자가 낸 병원비는 '요양비 청구'를 통해 되돌려 받을 수 있어요. 필요한 서류는 다음과 같아요.

―――――――요양비 청구에 필요한 서류―――――

① 산업재해보상보험 요양비 청구서

(별지 제10호 서식, 뒷면에 소견서 포함되어 있음)

② 비용을 증명할 수 있는 서류(영수증, 진료비 내역서, 처방전 따위)

③ 본인 신분증 사본

④ 통장 사본

서류를 쓰는 방법은 산재보상을 처음 신청할 때 작성한 〈요양급여 신청서〉 쓰는 법과 같아요. 앞면은 직접 작성하고, 뒷면 소견서는 '의료기관 작성용'이기 때문에 담당 의사에게 써 달라고 하세요. 서식은 근로복지공단 홈페이지에서 다운로드해서 출력하거나, 병원 원무과에 요청하면 됩니다.

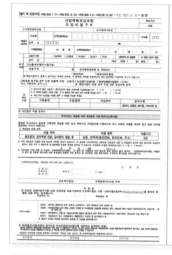

산업재해보상보험 요양비 청구서

산업재해보상보험 요양비 청구서 작성

① 청구서 서식: 병원 원무과에 요청 또는 근로복지공단 홈페이지에서
　다운로드

② 작성자: 앞면은 노동자가, 뒷면은 의사가 작성해요.

③ 작성 방법: 기본 작성 방법은 〈요양급여 신청서〉와 같아요.

---

2) 휴업급여 신청하기

: 출근하지 못하고 있어요

병원에 입원을 하면 휴업급여를 받을 수 있고, 통원치료를 하면 받지 못할까요? 전혀 아닙니다. 휴업급여는 입원과 상관없이 '일할 수 없을 때' 신청해서 받을 수 있어요. 통원치료를 받으면서 일했다면 회사에서 월급을 받으니까 근로복지공단에서 휴업급여를 줄 필요가 없습니다. 휴업급여는 '일하지 못하는 기간 동안 돈을 벌지 못해 생계가 어려워지는 것'을 막으려는 것이니까요. 〈요양급여신청 소견서〉에 '취업치료' 가능 여부를 표시하는 칸이 기억나나요? 이 표시가 중요한 까닭이 바로 휴업급여 때문입니다.

휴업급여는 '(일)평균임금의 70%'를 요양 기간 동안 지급해요. 여기서 말하는 '평균임금'은 신청서에 적은 '재해발생 일시'를 기준으로 이전 3개월 동안 받은 임금을 더해 그 기간의 총 일수로 나눈 것입니다. 기본급이 기준이냐고요? 그렇지 않습니다. '기본급, 연 상여금, 연장근로수당, 야간근로수당, 휴일근로수당' 들을 모두 더해 계산하세요! 퇴직금을 계산할 때 사용하는 평균임금이랑 같습니다.

이때 휴업급여로 지급될 평균임금의 70%가 일정 액수가 되지 않으면, 평균임금의 90%를 지급하거나 최저임금을 지급하는 식이에요. 여기에서 '일정 액수'의 기준은 고용노동부에서 해마다 발표하는 '최저 보상기준 금액'의 80%입니다. 2022년 최저 보상기준 금액은 73,280원이니까 최저 보상기준 금액의 80%는 58,624원이네요.

서류를 잘 갖추어 신청하면 근로복지공단에서 계산해 주니 걱정하지 마세요. 휴업급여가 생각했던 것보다 적게 나왔다면 90일 안에 이의제기할 수 있어요. 정보공개청구(www.open.go.kr)를 통해 산정근거를 받아 볼 수도 있습니다.

─────── 휴업급여 신청 준비 서류 ───────

① 휴업급여 신청서

② 임금대장 사본

 - 상여금이 없는 경우: 재해발생 일시 이전 3개월 치

 - 상여금이 있는 경우: 재해발생 일시 이전 1년 치

③ 근로계약서 사본 (근로계약서가 없을 때는 생략 가능)

휴업급여를 신청할 때 위에 적힌 세 가지 서류를 준비해서 제출하면 됩니다. 만약 근로계약서가 없다면 생략할 수 있어요. 이럴 때는 '내가 이 회사에서 일했다'는 걸 증명하

는 과정이 필요합니다. 그러니 근로계약서가 있는 게 좀 더 수월하겠죠? 통장 입금 내역 같은 것으로도 증명할 수 있으니, 근로계약서가 없다고 해서 포기하지 마세요!

휴업급여는 요양급여와 마찬가지로, 병원 원무과의 산재 담당자를 통해 신청하는 게 가장 편리합니다. 신청 당사자가 직접 제출할 수도 있는데, 처음 신청할 때는 회사가 위치한 지역 관할 근로복지공단에, 두 번째 신청 때는 치료받는 병원이 위치한 지역 관할 근로복지공단에 서류를 제출해야 해서 번거로워요.

입원해서 치료를 받는다면 청구서를 처음 제출할 때 '자동지급 신청' 항목에 꼭 '예'로 표시하세요. 처음 한 번만 신청하고 나면 두 번째부터는 자동으로 지급받을 수 있거든요. 그런데 통원치료를 받는다면 자동지급을 신청할 수 없습니다. 번거롭더라도 달마다 청구해야 해요. 안드로이드 스마트폰을 사용하고 있다면 '급여청구' 앱을 적극 활용하기 바랍니다.

〈휴업급여 청구서〉를 작성할 때는 '청구기간'을 잘 써야 해요. 미래에 받을 급여를 미리 청구할 수 없습니다. 예를

휴업급여·상병보상연금 청구서

들어, 요양 기간이 10월 1일부터 11월 30일까지 승인된 노동자가 있다고 해 볼게요. 이 노동자가 10월 10일에 휴업급여를 신청하면서, 청구기간에 '10월 1일~10월 30일'로 적을 수는 없다는 말입니다. 신청하는 날짜 이후에 받을 휴업급여는 미리 청구할 수 없기 때문이죠. 10월 10일에 휴업급여를 청구할 때 적을 수 있는 최대 기간은 '10월 1일~10월 10일'입니다.

만약 이 노동자가 한 달 치 휴업급여를 한 번에 받고 싶다면 10월 31일에 신청해야 해요. 요양 기간이 한 달이 채 되지 않는다면 요양 기간의 마지막 날 휴업급여를 신청해 해당 기간 동안 휴업급여를 한 번에 받을 수 있어요. 요양 기간이 10월 1일부터 10월 15일까지라면, 10월 15일에 신청하면 됩니다. 물론 중간에 신청하는 것도 가능해요. 10월 3일에 신청해서 1일부터 3일까지 사흘 치 임금을 받고, 10월 15일에 다시 신청해서 남은 12일 치 임금을 받는 거죠.

| TIP | 산업재해보상보험 휴업급여 신청하기

① 휴업급여 신청: 병원 원무과에 요청하는 게 가장 편해요.

② 근로계약서가 없어도 신청 가능!

③ 회사에 출근하면(취업치료 가능 시) 휴업급여는 안 나와요.

④ (일)평균임금의 70%를 받을 수 있어요. (예: 하루 평균임금 10만원의 70% X 20일 요양 = 140만원)

⑤ 평균임금: 아프기 전 3개월 임금 총액 / 3개월 날짜 수
   ※ 임금 총액에 포함되는 것들: 기본급, 상여금, 연장근로수당 등

⑥ 입원치료 시: 〈휴업급여 신청서〉 '자동지급 신청'에 '예'로 표시해요.

⑦ 통원치료 시: 자동지급은 안 돼요! 달마다 신청해요!

⑧ 청구 기간: 미래에 받을 급여를 미리 신청하는 건 안 돼요!

⑨ 휴업급여가 예상보다 적다면: 90일 이내에 이의제기하기

---

3) 상병보상연금 신청하기

: 2년이 지났는데 일할 수 없어요

상병보상연금은 요양을 시작한 지 2년이 지났는데도 아픈 게 '치유'되지 않고, 중증요양상태 등급 제1급~제3급에 해당되어 여전히 일할 수 없을 때 신청해서 받는 연금입니다. 산재보험에서 말하는 '치유'에는 두 가지 의미가 있어요. 첫 번째는 '완치' 즉, 완전히 치료되어 다 나은 상태, 두 번째는 '치료 효과를 기대할 수 없는 상태'를 말합니다. 더 좋아지지도 않고, 나빠지지도 않아 상태가 고정되는 거예요. 상병보상연금은 이 두 가지에 해당하지 않을 때 신청할 수 있어요. 치료를 시작한 지 2년이 지났는데, 질병이 다 낫지 않았고, 〈중증요양상태 등급표〉에서 설명하는 상태인데, 조금씩 좋아지거나 나빠지고 있어서 계속 치료를 받아야 하는 상황일 때 상병보상연금을 신청합니다.

소독 업체에서 일하는 노동자가 약품을 채우던 중 약품이 튀어 눈에 들어간 상황을 생각해 볼게요. 2019년 1월 1일에 산재 승인을 받고 쭉 치료를 받았는데, 2년이 지난 2021년 1월 1일에도 눈이 다 낫지 않았습니다. 시력은 0.05이고, 여전히 시력이 떨어지고 있어요. 이럴 때, 상병보상연금을 신청해야 해요. 치료한 지 2년이 지났는데도 치유가 되지 않았고, 계속 치료가 필요하니까요. 만약 시력이 고정될 것이고, 치료해도 더 좋아지지 않는다는 소견이 있다면 그때는 상병보상연금이 아니라 뒤에 이야기할 장해급여를 신청해야 해요. 치유가 되었으나 장해가 남았기 때문입니다.

앞서 설명한 〈휴업급여 청구서〉를 잘 보았다면 알겠지만, 〈상병보상연금 청구서〉는 휴업급여 청구서와 같아요. 당연히 작성하는 방법도 똑같아요. 단, 상병보상연금 청구서를 처음 제출할 때 〈중증요양상태 진단서〉를 함께 제출해야 합니다. 치료받고 있는 의료기관에 요청해서 받아야 해요.

휴업급여는 평균임금의 70%를 지급하지만, 상병보상연금은 평균임금의 100%를 등급에 따른 일수만큼 지급합니다. 예를 들어 제3급이라면 (평균임금의 100%)×(257일분)을 지급받아요. 제2급이라면 291일분을, 제1급이라면 329일분을 연금으로 지급받아요. 상병보상연금과 휴업급여는 서로 대체되어서 상병보상연금을 받으면 휴업급여는 받을 수 없어요. 상병보상연금은 서류를 작성하여 근로복지공단에 제출하거나 온라인 '고용·산재보험 토탈서비스' 페이지에서 신청할 수 있습니다.

※ 중증요양상태 등급표

등급	기준
제1급	두 눈이 실명된 사람
	말하는 기능과 씹는 기능을 모두 완전히 잃은 사람
	신경계통의 기능 또는 정신기능에 뚜렷한 장해가 있어 항상 간병을 받아야 하는 사람
	흉복부 장기의 기능에 뚜렷한 장해가 있어 항상 간병을 받아야 하는 사람
	두 팔을 팔꿈치관절 이상의 부위에서 잃은 사람
	두 팔을 영구적으로 완전히 사용하지 못하게 된 사람
	두 다리를 무릎관절 이상의 부위에서 잃은 사람
	두 다리를 완전히 사용하지 못하게 된 사람
	한쪽 눈이 실명되고 다른 쪽 눈의 시력이 0.02 이하로 된 사람
제2급	두 눈의 시력이 0.02 이하로 된 사람
	두 팔을 손목관절 이상의 부위에서 잃은 사람
	두 다리를 발목관절 이상의 부위에서 잃은 사람
	신경계통의 기능 또는 정신기능에 뚜렷한 장해가 있어 수시로 간병을 받아야 하는 사람
	흉복부 장기의 기능에 뚜렷한 장해가 있어 수시로 간병을 받아야 하는 사람
제3급	한쪽 눈이 실명되고 다른 쪽 눈의 시력이 0.06 이하로 된 사람
	말하는 기능 또는 씹는 기능을 완전히 잃은 사람
	신경계통의 기능 또는 정신기능에 뚜렷한 장해가 있어 전혀 노무에 종사하지 못하는 사람
	흉복부 장기의 기능에 뚜렷한 장해가 있어 전혀 노무에 종사하지 못하는 사람
	두 손의 손가락을 모두 잃은 사람
	위에서 정한 장해 외의 장해로 전혀 노무에 종사하지 못하는 사람

4) 요양급여와 휴업급여 연장하기

: 치료가 더 필요해요

통지서에 적힌 요양 기간이 다 끝나가는데 여전히 아플 수 있어요. 치료가 더 필요하다면 요양급여를 연장할 수 있습니다. 아파서 일까지 못하고 있다면 휴업급여도 더 필요하겠죠? 휴업급여는 요양급여가 승인되어야만 신청할 수 있으니, 우선 요양급여를 연장해야 해요.

요양급여를 연장하려면 요양 기간이 끝나기 7일 전까지 담당 의사가 병원 관할 근로복지공단에 〈진료계획서〉를 제출해야 합니다. 진료계획서는 노동자가 작성할 수 없어요. 진료계획서를 받을 때는 소견서를 받을 때와 마찬가지로,

담당 의사에게 본인의 상태가 어떠한지 자세히 설명하세요. 실제로 다시 일할 수 있는 몸 상태가 될 정도로 충분히 치료받아야 한다는 점을 적극 강조하면 좋습니다.

공식 서류 이름은 〈산업재해보상보험 진료계획서〉입니다. 병원 원무과에 가서 산재 요양급여를 연장해 달라고 하면 필요한 서류와 절차를 안내받을 수 있을 거예요. 요양급여 연장이 승인되면, 휴업급여를 신청(116쪽 '휴업급여 신청하기' 참고)하면 됩니다.

TIP 요양급여와 휴업급여 연장하기

① 치료가 더 필요할 때 요양 기간을 연장할 수 있어요.

② 요양 기간 종료 7일 전까지 담당 의사가 근로복지공단에 〈산업재해보상보험 진료계획서〉를 내야 해요.

③ 요양 기간이 연장된 다음 휴업급여를 신청하세요.

---

5) 추가상병과 재요양 신청하기

: 다른 곳이 아파요, 병이 재발했어요

조선영(가명) 씨는 영상제작 프로덕션에서 영상 편집 업무를 담당했습니다. 회사 생활에 꽤 만족하며 다닌 지 일

년 가까이 되던 어느 날, 새로운 프로그램 제작 팀에 막내로 들어가게 되었어요. 새 팀에서 일을 시작한 지 두 달 만에 선영 씨는 이명에 시달렸습니다. 팀장이 회의 시간마다 선영 씨에게 폭언을 퍼부었거든요. 자막에 오타라도 있으면 욕설을 했고, 편집 작업을 검토할 때도 작업물의 완성도와 상관없이 늘 비난을 쏟아 냈습니다. 정작 완성된 최종 편집본을 보면 선영 씨가 작업한 그대로였죠.

선영 씨는 이명으로 산재보상을 신청했고, 다행히 승인받았어요. 그런데 회복되는 속도가 생각했던 것보다 더뎠어요. 일상생활을 유지할 수 없을 정도는 아니었지만, 생활의 질이 많이 떨어졌죠. 만들어 낸 결과물을 인정받지 못하는 동안 자존감도 많이 떨어졌고, 우울증까지 진단받게 되었습니다. 선영 씨는 이제 어떻게 해야 할까요?

요양급여를 처음 신청할 때 빠뜨렸거나, 그때는 아프지 않았는데 나중에 아프게 되었다면 '추가상병'을 신청해야 합니다. 이미 승인받은 병 때문에 새로운 병이 생긴 경우에도 추가상병을 신청할 수 있어요. 인대가 파열되어 생긴 염증이 주변 근육을 아프게 만든다거나, 선영 씨처럼 이명 때문에 우울증이 생겼다면 추가상병을 신청하는 거죠. 〈산업재해보상보험 추가상병 신청서〉, 〈산업재해보상보험 추가상병 소견서〉를 관할 근로복지공단에 제출하면 됩니다. 원무과를 통해 신청하면 더 좋고요. 신청서와 소견서 작성 방법은 앞서 설명한 〈요양급여 신청서, 신청 소견서〉와 같아요.

한편, 다 나았다고 생각했는데 요양 기간이 끝난 뒤에 다시 아프기 시작하면 어떡할까요? 선영 씨가 출근해서 다시 일을 시작했는데, 자꾸만 귀에 통증이 느껴지는 거예요. 이런 상황이라면 '재요양'을 신청하면 됩니다. 요양 기간이 끝났어도, 산재를 승인받았던 병이 재발하거나 상태가 나빠져 다시 치료가 필요하면 재요양 신청을 할 수 있어요. 필요한 서류는 〈산업재해보상보험 재요양 신청서〉와 〈산업재해보상보험 재요양 소견서〉이고요, 추가상병 신청과 마찬가지로 근로복지공단에 제출하거나 원무과를 통해 신청하면 됩니다.

일 때문에 아플 때 산재보험으로 처리해야 좋은 까닭이 바로 이런 점 때문입니다. 회사에 치료비를 받는 걸로 공상 처리했다면, 병이 커지거나 재발했을 때 적절하게 대응하기 어렵거든요. 한 번 산재보험으로 처리하면 아주 오랜 기간이 지난 뒤에 후유증이 생기더라도 다시 산재보험으로 치료를 보장받을 수 있습니다. 그러니 일하다 아프면 꼭 산재신청하세요!

TIP 추가상병, 재요양 신청하기

① 추가상병: 치료 중인 병 때문에 다른 질병이 생겼을 때, 처음 신청할 때 빠뜨린 병이 있을 때 신청해요.

② 재요양: 요양 기간이 끝난 뒤에 다시 아플 때 신청해요.

---

6) 장해급여 신청하기

: 장해가 남았어요

상병보상연금을 설명하면서 '치유'에는 두 가지 의미가 있다고 했는데 기억나나요? 하나는 '완치', 다른 하나는 '치료의 효과를 기대할 수 없이 상태가 고정되는 것'이에요. 장해급여는 치유가 되었으나 장해가 남아 앞으로 일하는 데 지장이 있을 때 신청할 수 있는 급여입니다.

산재보험에서 장해등급은 1급~14급으로 나누고 있습니다. 1급에 가까울수록 장해가 심하다는 걸 뜻해요. 장해급여는 '장해보상연금'과 '장해보상일시금'으로 나뉘는데, 14급부터 8급까지는 일시금으로만 받을 수 있고, 7급부터는 연금으로도 받을 수 있습니다.

〈산업재해보상보험 장해급여 청구서〉와 〈장해진단서〉 서식은 근로복지공단 홈페이지에 있습니다. 치료받는 병원 원무과를 통해서도 신청할 수 있어요. 장해가 여러 가지이면 복합적으로 고려해서 장해등급을 판단하기 때문에 장해급여는 전문가에게 상담을 받는 게 좋습니다.

TIP 장해급여 신청하기

① 장해급여: 치유가 되었으나 장해가 남았을 때 신청해요.

② 장해급여는 전문가와 상담하는 게 좋아요.

---

7) 간병급여 신청하기

: 간병이 필요해요

요양 기간이 다 끝난 뒤에도 장해나 여러 가지 상황으로 간병인이 필요할 수 있어요. 이럴 때 '간병급여'를 신청할 수 있습니다. 근로복지공단은 노동자가 어떤 상태인지, 간병인이 누구인지에 따라 다른 금액를 지급합니다.

전문 간병인이 아닌 가족이 간병할 때도 간병급여를 받

을 수 있어요. 특히, 집에서 가족의 간병을 받는다면 휴업급여처럼 2회분부터는 자동지급을 신청할 수 있어요. 〈산업재해보상보험 간병급여 청구서〉를 작성하고 담당 의사에게 〈간병요구도 평가 소견서〉를 받아 관할 근로복지공단에 제출하면 됩니다. 근로복지공단에서 인정하는 '전문 간병인'은 간호사 또는 간호조무사나 요양보호사 같이 공단이 인정하는 간병교육을 받은 사람을 말해요. 전문 간병인이 아니고, 가족도 아니라면 '기타 간병인'으로 분류됩니다.

노동자의 장해등급과 상태에 따라 간병인이 상시로 필요한지, 수시로 필요한지 기준을 정해 두었습니다.

※ 상시, 수시 간병 기준

① 상시 간병
- 신경계통의 기능, 정신기능 또는 흉복부 장기의 기능에 장해등급 제1급에 해당하는 장해가 남아 일상생활에 필요한 동작을 하기 위하여 항상 다른 사람의 간병이 필요한 사람
- 두 눈, 두 팔 또는 두 다리 중 어느 하나의 부위에 장해등급 제1급에 해당하는 장해가 남고, 다른 부위에 제7급 이상에 해당하는 장해가 남아 일상생활에 필요한 동작을 하기 위하여 항상 다른 사람의 간

병이 필요한 사람

② 수시 간병

- 신경계통의 기능, 정신기능 또는 흉복부 장기의 기능에 장해등급 제2급에 해당하는 장해가 남아 일상생활에 필요한 동작을 하기 위하여 수시로 다른 사람의 간병이 필요한 사람

- 장해등급 제1급(제53조제2항에 따른 조정의 결과 제1급이 되는 경우를 포함한다)에 해당하는 장해가 남아 일상생활에 필요한 동작을 하기 위하여 수시로 다른 사람의 간병이 필요한 사람

	상시 간병	수시 간병
가족, 기타 간병인	41,170원	27,450원
전문 간병인	44,760원	29,840원

일일 간병급여 지급 기준 금액(2022년 기준)

TIP 간병급여 신청하기

① 요양 기간이 끝난 뒤에도 간병이 필요할 때 신청할 수 있어요.

② 가족이 간병해도 간병급여를 받을 수 있어요.

---

6 산재보상 불승인 통지서가 왔을 때

산재보상 신청서를 제출하고 나면, 근로복지공단은 7일 이내에 요양급여를 승인할 것인지 아닌지 결정해서 신청한 사람에게 알려 줘야 해요. 하지만 재해조사, 업무상 질병판정위원회, 역학조사처럼 여러 가지 조사가 이루어지고 이 기간은 7일에 포함되지 않기 때문에 통지서를 받기까지 실제로는 더 오랜 시간이 걸립니다. 긴 시간을 기다렸는데, 불승인 통지를 받을 수도 있어요. 산재보상 승인은 받았는데, 휴업급여가 생각했던 것과 다르게 책정됐을 수도 있겠죠.

이럴 땐 '심사청구' 또는 '행정소송'을 통해 검토를 요청해야 하는데, 이는 통지서를 받은 지 90일 이내에 신청해야 합니다. 만약 90일이 지났다면, 산재 신청 자체를 다시 해서 불승인 통지를 새로 받은 다음, 절차를 진행합니다.

 '심사청구'를 할 때는 근로복지공단 홈페이지에서 〈산업
재해보상보험 심사청구서〉 서식을 찾아 작성한 다음 통지서
를 보내온 근로복지공단 지사에 직접 제출하면 됩니다. '고
용·산재보험 토탈서비스'를 통해 온라인으로 제출하는 것
도 가능해요. 심사청구에서도 불승인이 나오면 '재심사청구'
를 해 볼 수 있습니다. '행정소송'은 공단에서 내린 불승인에
대해 법원에 행정소송을 제기하는 거예요. 심사청구 단계를
거치지 않고 행정소송을 진행하는 것도 가능합니다.

TIP 불승인 통지서를 받았다면?

① 불승인 통지서를 받은 지 90일 안에 '심사청구' 또는 '행정소송'을 할
수 있어요.

② 재심사청구: 심사청구를 했는데, 불승인 통지가 오면 할 수 있어요.

③ 불승인 통지서를 받은 지 90일이 지났다면? 산재보상 신청을 다시
해야 해요.

---

7 그밖에 알아 둘 것

1) 유족급여 신청하기

사고가 일어나 노동자가 사망했을 때, 질병과 출퇴근 재해로 사망했을 때도 유족이 산재 신청을 할 수 있습니다. 유족은 유족급여를 받을 수 있어요. 과로나 업무상 스트레스 때문에 노동자가 자살했다면, 이때도 산재 신청을 할 수 있습니다.

유족급여는 노동자가 사망한 다음 날부터 5년 이내에 신청해야 합니다. 시간이 흐를수록 일 때문에 사망했다는 증거를 확보하기 어려워지기 때문에 되도록 빨리 준비하여 신청해야 합니다.

① 유족급여 청구서

② 사망진단서

③ 청구인의 기본증명서

④ 재해발생 경위서(일 때문에 사망했다는 것을 입증하기 위한 서류)

⑤ 의사 소견서

⑥ 고인의 가족관계증명서

⑦ 고인과 청구인의 주민등록등본·초본

⑧ 청구인의 통장 사본

유족급여를 신청할 때 필요한 서류를 정리해 두었어요. 〈유족급여 청구서〉는 근로복지공단 홈페이지에서 다운로드할 수 있고, 원무과에 요청할 수도 있습니다. 노동자가 업무상 이유로 즉, 일 때문에 사망했다는 것을 입증해야 하니 〈재해발생 경위서〉를 상세하게 작성해야 합니다.

서류 준비가 끝나면 관할 근로복지공단에 방문 또는 팩스로 제출하거나, 병원 원무과를 통해 신청할 수 있습니다. 사망진단을 한 병원이 산재 지정병원이라면 원무과 산재 담당자에게 신청을 대행해 달라고 요청하는 것이 가장 좋습니다.

유족급여는 '유족보상연금'이라는 이름으로 연금 형태로 지급하는 게 원칙입니다. 사망한 노동자가 받던 평균임금의 일정 비율만큼 달마다 지급하는 형태입니다.

유족 가운데 연금 수급자격자가 없거나, 자격자가 외국에 살아서 연금 형태로 받을 수 없을 때에는 연금이 아닌 '유족보상일시금'을 지급합니다. 일시금은 사망한 노동자가 1,300일을 일할 경우 받을 수 있는 임금입니다(약 3년 5개월치 임금). 사망한 노동자가 부양하고 있던 가족이 우선으로 받을 수 있으며, 우선 순위에 해당하는 사람이 없다면 생계를 같이 하지 않던 배우자, 자녀, 부모, 손자녀 및 조부모 들도 지급 대상이 될 수 있습니다.

유족급여를 받는 수급권자가 원한다면 절반은 일시금, 절반은 연금으로 받는 '반액 일시금' 형식도 있지만, 일시금을 받은 다음 지급받는 연금 금액이 50% 줄어들어, 전액 연금으로 받을 때보다 금액이 적어집니다. 사정이 어렵다면, 근로복지공단에서 산재 노동자와 유족에게 낮은 이자로 돈을 빌려주는 '생활안정자금' 제도를 찾아보고, 유족급여는 연금으로 받길 권합니다.

유족급여 신청하기

① 노동자가 사망한 다음 날부터 5년 이내에 신청해야 해요. 되도록 빨리 신청해야 좋습니다.

② 〈재해발생 경위서〉: 일 때문에 사망했다는 것을 입증할 수 있도록 자세히 작성해요.

③ 유족급여: '유족보상연금'으로 지급돼요. 연금으로 받는 게 가장 유리해요.

2) 장례비 청구하기

유족급여 말고도 장례비를 청구할 수 있습니다. 장례비는 사망한 노동자가 받은 평균임금의 120일분 금액으로 책정해요. 이 금액이 '장례비 최저·최고 금액'에 미치지 못하면 최저금액을, 초과하면 최고금액을 받을 수 있습니다. 유족이 아니라 사망한 노동자의 동료나 회사가 장례를 치르더라도 청구할 수 있어요. 유족이 아닌 사람이 장례를 치렀다면, 한도 내에서 실제 사용한 비용만 돌려받게 됩니다.

근로복지공단 홈페이지에서 〈장의비 청구서〉를 다운로드하여 작성한 뒤, 통장 사본, 장례비를 입증할 수 있는 영수증을 회사 관할 근로복지공단에 제출하면 됩니다.

3) 손해배상 청구하기

오래된 용접 장비를 적절한 시기에 교체하는 건 사업주의 의무입니다. 사업주는 노동자가 안전하게 일할 수 있게 해야 할 의무가 있다고 법에 적혀 있거든요. 그런데 장비를 제때 바꾸지 않아서 노동자가 용접 작업을 하다가 몸에 화상을 입게 되면, 산재 신청을 진행하고 회사에도 손해배상을 청구할 수 있어요. 즉, 산재보험과 별도로 민사소송을 통해 손해배상을 청구하는 것이 가능합니다.

단, 산재보험은 이중 보상을 금지하고 있어요. 산재보험으로 요양급여를 받았는데, 회사에 '치료비' 명목으로 돈을 또 받는다면 치료비를 이중으로 보상받는 셈이라 받은 돈을 반납해야 합니다. 따라서 손해배상을 받을 때는 '위로금' 같은 내용으로 합의하여 산재보험과 중복되지 않도록 해야 해요. 합의서 내용에 '산재보험과 관계없는 별도의 추가 배상'이라는 내용을 넣으면 좋습니다.

4) 실업급여와 산재보험

회사와 고용 계약 기간이 끝나거나 정년퇴직을 해서 일하지 못하게 된 노동자가 실업급여 신청을 한 다음, 몸이 아파서 산재보상 신청을 준비하기도 해요. 이럴 때도 중복 수급을 조심해야 합니다. 앞에서 이중 보상이 안 된다고 이야기한 것처럼 산재보험으로 휴업급여를 받는다면 실업급여를 받을 수 없거든요. 실업급여와 산재보상 신청을 동시에 진행할 계획이라면 아래 설명을 참고하세요.

보통 실업급여 처리보다 산재보상을 승인받는 데 시간이 더 오래 걸려요. 우선 두 가지 모두 신청한 다음, 실업급여를 받으면서 생계를 해결하세요. 다음에 산재보험 승인이 나면 곧바로 고용노동부에 자진 신고를 하면 됩니다. 실업급여를 받는 기간과 산재보험 휴업급여를 받는 기간이 겹치면 그 기간 동안 받은 실업급여를 반환하고, 질병 때문에 실업급여 수급을 미루겠다는 신청서를 제출하면 됩니다. 산재보험 치료가 다 끝나면 다시 실업급여를 신청하세요. 자진 신고를 하지 않으면 부정수급으로 처리되어 받은 돈의 두 배 이상으로 과태료를 부과받을 수 있으니 특히 주의해야 합니다.

4부

산재보험
더 넓게 더 쉽게

✦

　산재보험을 정부가 운영하는 까닭은 보험으로 이윤을 내려고 하는 것이 아니라 노동자들의 경제적 어려움을 사회 제도로 해결하려는 목적이 있기 때문입니다. 그런데 지금 산재보험은 현실을 반영해서 유연하게 운영하는 면이 부족해요. 보험 규정과 적용 기준이 산재보험이 필요한 노동자들에게 편리하게 마련된 것이 아니라, 제도를 운영하는 기관이 행정 처리에 편리하도록 마련된 채로 바뀌지 않고 있습니다. 제도가 복잡하다 보니 이용하기 어렵고 이용자가 많지 않으니 사회적 관심이 덜합니다. 우리나라의 산재보험이 더 많은 사람에게 더 넓고 쉽게 다가가려면 무엇부터 바뀌어야 할까요? 우리나라와 경제 상황이 비슷한 나라들만큼은 하자는 뜻에서, 아주 기본적인 것부터 따져 보려고 합니다.

1 제도를 바꾸자

1) 나라마다 다른 제도

나라마다 사회보장제도가 다르게 운영되므로 산재보험 제도도 당연히 다릅니다. 우리나라는 건강보험과 산재보험을 분리해서 운영하지만, 어떤 나라에서는 산재보험이냐 아니냐가 크게 중요하지 않아요. 전 국민 무상의료 제도가 있는 영국은 산재 환자도 무상으로 치료를 받습니다. 전 국민이 무상으로 의료 시스템을 이용하기 때문에 회사에서 다쳤든, 어디에서 다쳤든 걱정 없이 치료받을 수 있어요.

산재를 당해 일을 할 수 없거나 몸에 장해가 남으면 사회보험제도를 통해 급여를 받는데, 사회보험 제도 안에 산재보험이 혼합된 형태로 운영돼요. 산재 노동자는 더 많은 급여를 받을 수 있게 만들어져 있다고도 합니다. 의료보험, 산재보험, 고용보험, 연금 제도, 장애인복지 제도, 재활과 직업교육처럼 사회보장제도 안에서 산재를 입은 노동자가 필요한 시기에 필요한 급여를 받을 수 있게 혼합해서 운영하는 나라도 많아요. 이런 나라에서는 우리나라처럼 노동자가 건강보험으로 치료받았을 때 그 치료비를 물어내라며 건강보험공단에서 구상권을 청구하는 일은 일어나지 않을 것 같습니다.

'상병수당' 제도도 있습니다. 상병수당은 아파서 일을 할 수 없을 때 요양을 하거나 쉴 수 있도록 지원하는 제도예요. 직장을 다니는 사람들은 아파도 출근하는 걸 당연하게 생각하고, 영세 자영업자들도 일정 소득을 보전할 수 없으면 쉬는 날 없이 일합니다. 상병수당은 소득의 일부를 지급해서 일하는 사람이 쉴 수 있게 하는 제도인데요. 상병수당 제도를 운영하는 나라는 전 세계에서 160여 개라고 합니다. 이는 사회보장제도를 갖춘 대부분의 나라에서 상병수당 제도를 운영한다는 뜻이에요. 건강보험 제도 안에 상병수당 급여가 있는 나라도 있고, 상병수당을 별도로 운영하는 나라도 있다고 해요. 상병수당 제도는 산재보험을 신청했는지 아닌지, 아픈 게 회사 때문인지 아닌지를 따지지 않

습니다. 그러니 노동자들이 아프면 안심하고 쉴 수 있는 안
전망이 될 수 있겠죠.

산재보험을 신청하는 노동자들 가운데 골병이 들 때까지
일하다가 더 이상 버티기 어려워질 때 산재보험을 신청하고,
회사도 그만두자고 생각하는 이들이 있습니다. 그러나 상병
수당 제도가 있는 나라의 노동자들은 몇 주에서 몇 개월까지
소득의 일부를 보전받으면서 치료받거나 요양할 수 있어요.
내 몸을 한계까지 몰아붙이기 전에 건강을 돌볼 수 있다면
아파도 좀 안심이 되지 않을까요? 우리나라는 2022년 7월부
터 '1단계 상병수당 시범사업'을 시작한다고 합니다. 상병
수당을 도입하기 위한 준비를 하게 되었으니 '일하다 아프
면 쉬자'는 사회 분위기가 만들어지면 좋겠네요.

2) 보험 적용이 안 되는 사람들

일주일에 한 시간 이상을 일하는 사람을 '취업자'라고 부
릅니다. 2021년 12월, 우리나라의 취업자는 2,700만여 명
이라고 합니다. 이 가운데 70%는 산재보험을 적용받고,
30%인 800만여 명은 산재보험을 적용받지 못한다고 해요.
사장이지만 직원들과 일을 같이 하는 작은 공장의 사업주,
자영업자, 특수고용 노동자 들이 이 800만 명에 포함됩니

다. 800만 명 가운데 누구라도 일하다 다치거나 아프면 생계에 지장이 생길 텐데 말이죠. 직원이 5명이 안 되는 사업체에서 일하는 농업, 임업, 어업, 수렵업의 노동자도 적용받지 못합니다. 이들에게 산재보험을 적용하지 않는 데는 특별한 까닭이 있지 않아요. 규모가 작으면 제도 적용을 미루는 일이 많습니다. 규모가 작은 곳일수록 더 위험한 조건에서 일할 가능성이 큰데 말이죠.

또 우리나라에서 일하는 이주 노동자들은 수십만 명에 이릅니다. 우리나라의 농어촌은 미등록 이주 노동자들이 지킨다고 할 만큼 이주 노동자들의 일손에 많이 기대고 있는데요. 현재 미등록 이주 노동자들의 수가 얼마나 되는지 파악할 수 없어요. 법에서는 등록(합법) 노동자든, 미등록(불법체류) 노동자든 우리나라에서 일하는 사람이면 누구라도 산재보험을 적용받고, 산재 치료를 하는 동안에는 추방하지 못하도록 정해 놓았습니다. 그러나 실제로는 미등록 이주 노동자가 산재 치료를 받다가 적발되어 우리나라 정부가 강제로 출국시킨 일들이 있었기 때문에, 다쳐도 산재보험으로 치료하지 못하는 이주 노동자가 대부분입니다. 이들이 다치면 방치되는 일도 많습니다. 산재보험에 가입되어 있는지 모르는 노동자들, 병원비가 부족해 치료받지 못하는 이주 노동자들이 아주 많습니다.

2021년 한국의 자영업자 비율은 전체 취업자 가운데 20.2%입니다. 이 가운데 76%는 직원이 없는 1인 자영업자라고 해요. IT 산업, 서비스업, 플랫폼노동이 대성황입니다. 온라인 구인구직 사이트를 통해 파견 노동자로 취업하는 사람들은 사장 얼굴을 모르는 채로 일합니다. 아르바이트도 생업이 되는 시대, 스마트폰 앱으로 일감을 받는 시대에 고용주가 누구인지를 따지는 산재보험 제도는 현실과 너무 동떨어져 있어요. 영세 자영업자든 미등록 이주 노동자든 특수고용 노동자든 일하는 사람은 모두 산재보험을 이용할 수 있도록 적용 범위를 확 넓혀야 합니다.

3) 신청부터 증명까지 노동자 책임

지식, 시간, 소득이 적고 많고를 떠나서 공평하게 누려야 사회보장제도라고 할 수 있는데 현재 산재보험은, 지식, 시간, 소득이 취약한 사람은 이용하기가 더 어려워요. 산재보험에서 요구하는 입증을 위해 필요한 지식, 서류를 준비하고 관공서를 오가는 데 드는 시간, 노무사처럼 전문 대리인을 선임하는 비용이 필요한 경우가 많은데, 이 모든 준비를 도와주는 조직이나 조력자 없이 당사자가 진행하는 것은 힘들고 지난합니다.

인터넷으로 산재보상을 신청할 수 있다고 홍보하지만 정작 홈페이지에서 산재 신청 메뉴를 찾는 것부터 쉽지 않아요. 찾았다 하더라도 첨부해야 하는 서류도 많고 헷갈려 산재 신청을 포기하기 십상입니다. 산재 승인을 받은 다음에도 치료받는 당사자가 합병증, 후유증, 장해, 재활 같은 다음 단계의 급여를 신청하고 해당 서류를 준비해야 해요.

그런데 병을 치료하는 데는 산재보험으로 치료받든 건강보험으로 치료받든 환자한테는 큰 차이가 없어요. 건강보험의 경우, 환자는 진료를 받고, 건강보험 적용과 신청은 의료기관과 국민건강보험공단이 환자를 대신해서 처리합니다. 산재보험은 당사자가 처음부터 끝까지 절차를 알아야하고 행정서류를 준비하고 책임져야 하지요. 노동자들이 이 절차에 대해서 얼마나 부담이 크면 이렇게 책까지 만들어서 설명을 하고 있을까요.

아픈 사람이 처음 마주하는 곳은 병원입니다. 의료진과 의료기관에서 노동자의 직장과 질병, 부상 사실 들을 알게 되면 산재사고, 직업병과 관련해 더 많은 정보를 갖게 되고 노동자와 소통하기도 쉽습니다. 건강보험처럼 산재보험 신청과 행정 처리를 치료받는 환자가 아니라 의료기관이 하도록 바꿀 수 있습니다. 신청 시스템을 의료기관 중심으로 바꾸면 보험 운영기관인 근로복지공단이 노동자들에게 받는 불만과 불신이 줄어들 것이고, 행정 절차에서 불필요한 서류를 크게 줄일 수 있을 거예요. 참고할 만한 외국 제도도 많고 〈노동건강연대〉에서도 구체 방안을 끊임없이 제안해 왔습니다.

산재 신청은 노동자가 병원에서 처음 진료받을 때부터 의료진과 함께 준비해야 합니다. 특히 직업병은 노동자가 신청하기에는 전문적인 부분이 많아서 포기하는 경우가 많아요. 힘들게 서류를 내더라도 입증이 안 된다고 산재 승인을 못 받는 일이 많은데, 처음부터 의료기관이 신청하도록 제도를 바꾸면 아픈 노동자들에게 좋은 변화가 일어날 것입니다. 지금도 산재 신청을 병원에서 처리하고 보조하는 경우가 많습니다. 더 많은 의료기관이 노동자를 대신해서 산재 신청을 하도록 제도를 만들어야 합니다. 노동자가 입증책임과 행정 절차의 압박을 받지 않고 치료받을 수 있도록 의료기관과 행정기관이 소통하고 행정 시스템을 개선해야 합니다. 이를 위해 건강보험과 산재보험을 통합해서 운영하는 방안을 찾는 것도 필요합니다.

4) 너무 가벼운 기업의 책임

산재보상 신청이 많은 회사는 근로감독을 받을 수 있어서 회사는 산재 신청을 환영하지 않습니다. 산재를 신청하려고 할 때 회사가 산재보험에 가입하지 않은 것이 드러나면 회사는 그동안 밀린 보험료를 내야 하거든요. 산재보험에 가입하지 않은 작은 사업체들은 산재를 더 감추고 싶을 수 있습니다. 산재보험 제도는 산재가 많이 일어날수록 보험료가 오르는 방식으로 운영되는데요. 보험료가 오르면 기업이 산재를 줄이려고 노력할 것이라 생각하고 보험료를 매기는 것이죠. 그런데 기업들은 산재를 줄여서 보험료를 낮추는 것이 아니라 노동자가 산재보상 신청을 하지 못하도록 압력을 넣어서 보험료를 아끼려고 합니다. 대기업은 산재가 일어날 수 있는 위험한 공정이나 관리가 복잡한 업무를 외주나 하청으로 떠넘겨 버리고요.

반대로 산재가 덜 일어나면 보험료를 할인해 줍니다. 대기업들은 산재보험료를 일 년에 수백억씩 할인받아요. 대기업은 생산을 하청으로, 외주로 주어서 산재가 거의 일어나지 않는 반면, 중소기업과 하청기업에서는 산재가 많이 일어나요. 이런 사정을 알면서도 정부는 대기업에서 산재가 덜 일어난다고 산재보험료를 깎아 줍니다. 산재가 많이 일어난다고 보험료를 올리는 보험료 부과 방식과 산재가 적게 일어난다고 보험료를 깎아 주는 할인 제도는 주로 대기업만 혜택을 봅니다.

산재보험은 공동체 안에서 도움이 필요한 사람들에게 혜택이 가도록 연대를 추구하는 사회보험인 만큼, 기업 간에도 마찬가지입니다. 규모가 크고 이윤이 높은 기업에 대해서는 보험료를 제대로 걷고, 중소기업과 하청기업에는 산재를 줄일 수 있도록 지원을 해 주는 것이 더 도움이 될 방향일 것입니다. 원래 부담해야 하는 위험을 하청기업에 떠넘기면서 대기업의 산재 발생이 줄어드는 것이니만큼, 대기업이 책임을 제대로 지게 하면 되겠죠. 산재보험료 할인 제도를 없애면 그 돈으로 보험료를 내기 어려운 자영업자, 특수고용 노동자, 영업이익이 적은 작은 사업체의 보험료를 지원할 수도 있습니다.

이렇게 산재보험에서 바꾸어야 할 네 가지를 살펴보았습니다. 그중에 가장 짚어야 할 문제는 산재보험으로 치료비를 내주지 않는 본인부담 비용이 너무 많다는 점이에요. 화상을 입은 노동자에게 피부 이식, 드레싱 같이 꼭 필요한 치료 비용도 산재보험에서 다 내주지 않아 노동자가 개인 비용을 더 부담해야 합니다. 이런 '비급여' 항목 때문에 치료를 받는 동안 형편이 더 어려워지고 마음이 불안해진다는 목소리가 많습니다.

치료가 끝난 노동자들에게 중요한 건, 다시 일할 수 있어야 한다는 점이지요. 장해가 남아서 일을 못하거나 원래 하던 일이 아닌 다른 직업을 구해야 할 수도 있지만 일의 세계로, 사회생활로 돌아갈 수 있도록 해 주는 것은 산재보험의 중요한 목표 중 하나입니다. 그런데 우리나라 산재 보험에는 재활정책이 제대로 마련되어 있지 않아요. '직업재활'을 제공한다 해도 몸 쓰는 일을 전문으로 하던 노동자에게 컴퓨터 교육을 받으라는 식의 형식적인 사업만 있다는 게 실제 산재 노동자들의 경험담입니다.

노동자들이 안정감을 느끼도록, 사회적 관계를 만들 수 있도록, 하고 싶은 일을 찾을 수 있도록 도와주는 재활정책을 마련해야 할 것입니다.

2 인식을 바꾸자

1) 회사가 허락하는 것처럼 되어 있네

산재보상 신청은 회사에 허락을 받아야 신청할 수 있는 것이 아니라, 노동자가 결정해서 개인 자격으로 신청할 수 있는 개인의 권리입니다. 많은 사람들이 회사가 산재인지 아닌지를 결정하고, 회사가 치료비와 휴업급여를 신청할 것인지 아닌지를 정한다고 생각해요.

다친 사람이 잘못한 것 같은 분위기 속에서 산재보상 신청을 안 하는 대신 회사에서 치료비를 내주거나, 일을 못하는 기간 동안 임금 일부를 주는 '공상처리'가 굳게 자리 잡고 있습니다. 규모가 작은 사업장에서는 공상처리를 사업주가 호의를 베풀어 치료비를 댄 것처럼 인식되기도 합니다. 만약 회사에서 '산재가 일어난 적 없다'고 말하면, 노동자는 있는 사실을 말한 것인데도, 거짓말을 했다고 의심받는 처지가 되기도 해요.

노동자들은 "네가 잘못해서 다친 건데 네 생각해서 신청하게 해 준다"는 사업주의 말을 들으면 산재보상 신청은 회사나 사업주가 허락해야만 할 수 있는 거라고 생각하게 마련입니다. 산재보상 신청은 노동자가 하지만 회사가 보험료를 내고, 〈보험가입자 의견서〉처럼 회사에도 의견을 확인하는 부분이 있어서 더 그런 생각이 들기도 합니다.

산재가 일어났을 때 회사가 노동자를 비난하고, 산재보상 신청이 회사에 피해를 입힌다고 몰아가는 것은 회사의 잘못입니다. 보험료는 회사가 노동자에게 줄 임금의 일부입니다. 내가 하는 노동에 대하여 회사가 지급하는 대가예요. 회사가 당연히 지출해야 하는 노무비로 산재보험료를 내는 것입니다. 회사와 갈등 상황이 생기지 않는 것이 가장 좋겠지만, 산재 신청은 개인의 권리라는 것을 알고 있어야 회사와 대화를 할 때도 든든하지 않을까요?

산재보험 제도는 회사가 허락하는 것이 아닌 개인의 권

리라는 것을 모르는 까닭은 정부가 알리지 않아서입니다. 어디에서나 볼 수 있고, 학교에서도 가르치면서 친숙한 말이 되어야 할 텐데요. 학교에서도 잘 가르치지 않고 국민들에게 홍보하지도 않습니다. 산재보험 이용은 기업의 허가 사항이 아니라는 것, 개인의 권리라는 것을 학교교육, 직업교육에 포함시켜 널리 알려야 합니다.

2) '다치면 해고'가 일상

비정규직 노동자에 대한 실태 조사와 병원 이용 결과를 종합해 보면, 비정규직으로 일하는 사람들은 일하다 다쳐도 30~40%만 산재보험으로 치료한다고 합니다. 회사를 그만둘 생각이 아니면 산재 신청을 할 가능성은 거의 없다고 하죠. 사업주는 계속 일하고 싶으면 산재보상 신청을 하지 말라고 압력을 넣고요. 장해가 남을 만큼 다쳤는데도 개인이 알아서 치료하고 출근하는 경우가 정말 많아요.

이런 분위기는 전국의 사무실마다 공장마다 공기처럼 깔려 있습니다. 비정규직 노동자는 회사의 눈치를 보면서 산재보상을 신청하기보다 일을 계속하는 것을 선택합니다. 다친 비정규직 노동자는 '고장난 물건'이고 '반품 처리'할 수 있는 존재라고 스스로 말하기도 하죠.

회사마다 비정규직 노동자들이 재계약을 하고, 정규직으로 전환되는 기준이 있습니다. 회사는 산재로 다치거나 아픈 노동자들에게 낮은 점수를 주고 계약 연장을 거부합니다. 회사 구성원들이 다 모인 자리에서, 다친 비정규직 노동자를 회사에 손해를 끼치는 사람인 것처럼 비난해서 스스로 사직서를 내도록 하는 경우도 있습니다. 이런 일들을 자주 겪다 보면 비정규직 노동자들은 '나는 산재 신청을 하지 않겠다' '일자리를 지키겠다'고 생각할 수밖에 없지요.

아프고 다친 비정규직 노동자를 언제라도 대체할 수 있는 노동력으로 생각하는 기업의 행태에 제동을 걸 수는 없을까요? 비정규직, 일용직, 계약직, 파견 노동자가 산재 신청을 하려고 할 때 해고나 계약해지를 내세우는 기업에 대해서 정부가 강력하게 감독하고 처벌해야 합니다.

3) 여성의 산재가 적은 이유

남성 노동자들이 많은 곳에서는 대형 사고가 종종 일어납니다. 산재라는 말을 들으면 '남성' '부상' '사망'이라는 단어가 자동으로 떠오릅니다. 남성들이 주로 일하는 직종에서 위험한 기계나 설비가 많고, 사고가 많이 발생하기 때문에 그 가운데 일부만 산재보험으로 치료해도 산재보험에서는 다수를 차지하게 됩니다. 지난 수십 년 동안 부상을 당하거나 사망한 노동자들은 대부분 남성입니다. 건설 현장, 대형 선박을 만드는 조선소, 자동차 공장 같은 곳을 떠올려 보세요. 위험하고 거친 생산 현장입니다.

2022년 1월 기준으로 우리나라 경제활동 인구는 남성 1,605만여 명, 여성 1,204만여 명이라고 합니다. 2020년에 산재를 인정받은 노동자는 10만 8,379명인데요, 남성이 77.8%, 여성은 22.2%입니다. 여성들이 많이 일하는 음식·숙박업, 사회복지서비스, 돌봄 노동 같은 일은 큰 위험이 없어 보입니다. 여성 노동자들이 하는 일은 대개 눈에 잘 띄지 않고, 오랜 시간에 걸쳐서 건강이 나빠지는 일이 많습니다. '사고'가 아니라 '직업병'이 많다는 뜻입니다.

음식을 조리하는 일, 병원에서 환자를 돌보는 일, 시설이나 학교를 청소하는 일 들을 떠올려 보면 편한 일, 쉬운 일이 아니란 것을 알 수 있어요. 근골격계라고 말하는 목, 어깨, 팔, 손목, 허리를 끊임없이 사용하고 통증이 쌓이면 침을 맞거나 물리치료를 받으면서 쉬지 않고 일합니다. 이러한 근골격계 직업병에서 여성이 산재보험으로 치료받는 경우는 남성 노동자들의 4분의 1밖에 안 된다고 해요.

여성 노동자들은 산재보험 적용이 되지 않는 가사노동, 간병, 특수고용직 같은 분야에서 많이 일해요. 산재보험 적용이 안 되니 신청조차 해 볼 수 없지요. 판매직이나 콜센터 상담사처럼 서비스업에서 일하면서 고객에 대한 감정노동으로 정신적 스트레스를 겪는 여성들이 많지만 정신과 병원에서 산재로 진단받고, 산재보험으로 치료받는 경우는 아주 적어요.

여성들이 많이 일하는 직종에서 일어나는 산재에 대해서는 관심도 적고, 남성 노동자들만큼 힘들게 일하는 것은 아니라는 인식이 있습니다. 개인적으로 아픈 것, 나이가 들어서 아픈 것이라면서 여성 노동자의 질환을 직업병이 아니라고 보는 일이 많죠. 여성 노동자의 산재와 직업병을 새롭게 바라보아야 합니다. 여성이 일하면서 겪는 건강과 안전 문제를 파악해 산재 인정 기준에 반영해야 합니다.

4) 이름을 바꾸자

'산업재해보상보험'은 일하는 사람에게 일어난 손해가 아니라 산업이라는 거대한 시스템이나 기업에 일어난 손해라는 느낌을 줍니다. 사람에게 일어난 예기치 못한 질병과 사고에 안전판이 되는 이름으로, 사회보장제도라는 것을 알게 해 주는 이름으로 바꾸면 어떨까요?

1970년대 산업화가 시작되고 세계 10위 경제대국이 된 지금까지 우리 사회에는 사람보다 생산이 먼저라는 생각이 무의식 속에 깊이 뿌리박혀 있는 것 같아요. 아픈 노동자들은 '당신 아니어도 일할 사람 많다'는 말을 들어왔고요. 어느 회사든, 어떤 일자리든, 다치고 아픈 사람은 귀찮은 존재이니 그를 빼내고 건강한 사람을 집어넣으면 된다고 생각했죠.

산업구조도 고용구조도 거미줄처럼 복잡하고 다양해진 21세기, '산업재해보상보험'에서 '산업'의 자리에 '노동'이나 '고용'을 넣어 볼까요? 노동자이든, 프리랜서이든, 날마다 일하든, 비정기적으로 일하든, 노동자가 보호받을 수 있는 사회보장제도로 산재보험을 생각할 수 있도록 새로운 이름을 붙이면 좋겠습니다. 이름을 바꾸면, 이름에 걸맞게 이 제도가 필요한 사람이 보이겠죠? 그리고 조금 더 쉽게, 조금 더 많이 보호하는 제도로 바꾸려는 노력을 시작할 수 있지 않을까요?

이 책은 누구 손에 들려야 할까?

'이 책의 독자는 누구일까?'

이제 노동자가 될 청소년으로 됐다가, 산재보험을 담당하는 기관이 근로복지공단이라는 것을 들어본 적도 없을 아르바이트 노동자들에게 됐다가, 그냥 일하는 모든 사람들로 하자고도 했다가, 이야기는 돌고 돌았다.

다친 다리에 깁스를 한 채 병실 침대에 누워서 스마트폰으로 산재 정보를 모으던 배달 노동자가 떠올랐고, 퇴근길마다 한의원에 가서 침을 맞아야 다음 날 출근을 할 수 있다던 돌봄 노동자도 떠올랐다. 택배 상자를 들어 올리다 어깨에 불이 붙는 것처럼 아팠던 택배 기사, 스무 해를 호텔 객실 청소를 하다가 손가락 마디가 다 굽어서 산재 신청을 하고 싶었으나, 무엇부터 시작해야 할지 몰라 겁이 난다던 청소 노동자도 떠올랐다. 주말에만 나가던 공사 현장에서 추락해 온몸에 부상을 입은 노동자는 또 어떠한가.

'오랫동안 있어 온 제도인데 왜 이렇게 어렵지?'

두꺼운 지침서, 매뉴얼 들은 많은데 이 제도를 이미 아는 사람들이 보아도 너무 어렵다고 고개를 저었다. 목차를 정리하면서 산재보험 제도가 다친 사람을 더 지치게 한다는 것을 새삼 깨달았다. 아파서 치료받아야 하는 사람이 공부를 해야만 이용할 수 있는 제도라면 왜 바뀌지 않는 것일까, 아픈 노동자가 잘 치료받고 가난해지지 않는 사회를 만드는 게 먼저 아닐까, 생각이 뻗어 나가기도 했다.

사실 〈노동건강연대〉는 이렇게 어려운 산재보험을 바꾸어야 한다고, 좀 어렵게 말해서 산재보험을 '개혁'하자고 오랫동안 외쳐 왔다. 노동을 둘러싼 법과 행정, 노동자를 보호하는 제도들은 많고 많지만 산재보험은 유독 노동자들의 입에 붙지 않았다.

다쳐도 아파도 우선 출근부터 해야 하는 대한민국의 일하는 사람들에게 산재보험은 다른 나라 이야기였다. 정부는 특별히 고치려는 노력을 하지 않았다. 사람들의 관심이 적으니 정치권에서도 중요하지 않은 문제다. '목마른 사람이 우물 파라'고 팔짱을 끼고 있는 정부와 정치인들에게

〈노동건강연대〉가 끊임없이 말해 온 것이 있다. '산재보험은 노동조합이 없는 사람들, 사회안전망이 필요한 사람들에게 더 중요한 제도'라는 것이다.

산재로 아프거나 다치면 그 순간부터 고난이 시작된다. 혼자 힘으로 해결하기 어렵다. 그래서 우리는 당장 혼자 힘으로 어려움을 감당해야 하는 사람들에게 친절한 실용서 하나라도 건네고 싶었다.

〈노동건강연대〉가 그동안 만들어 온 작은 가이드 책자들이 이 책의 씨앗이 되었다. 〈노동건강연대〉를 함께 꾸려나가는 운영위원회(안현경, 정우준, 김명희, 이상윤, 변수지, 유성규, 김유정) 동료들이 검토하고 보완해 주었다. 거창한 논리도, 깊은 뜻을 담은 것도 아닌 이런 '실용적인' 책이 세상에 필요할까? 자문할 때마다 카카오톡 채팅 방에서 상담을 요청하는 절박한 목소리를 떠올렸다. 그리고 〈노동건강연대〉를 아끼고 응원해 주는 후원자와 회원들을 하나하나 떠올렸다.

이 책을 읽다 보면 실용서인데 관점이 생기는 신기한 경험을 하게 될 것이다. 산재라는 이야기만 나오면 주눅이 드는 노동자들은 '네 잘못이 아니야'라는 목소리를 듣게 될 것이고, 진료실에서 궁금한 게 있어도 의사에게 한마디 질문도 하지 못하던 노동자가 '충분히 치료받고 싶다'고 말하게 될 것이다.

이 책을 읽다 보면 산재보험의 문제점이 보이면서 노동을 보는 눈이 생기고, 노동자로서 나의 권리를 더 많이 찾아야 겠다는 생각이 들 것이다. 그러기 위해서 사회도 바꾸어야 하고 정치에 관심을 가져야겠다는 생각이 들 것이다. 이 책은 산재보험 실용서이지만 산재보험을 바꾸어야 하는 이유를 설득하는 책이기도 하다.

'이 책은 누구 손에 들려야 할까?'

일하는 모든 사람이 아플 때 손쉽게 집어 들 수 있으면 좋겠다. 인터넷 구직 사이트를 검색하는 이들, 방학이면 공장 아르바이트를 나가는 청년, 오랜 노동으로 몸에 인이 박힌 중년 노동자가 부담없이 읽을 수 있으면 좋겠다. 학교 도서관, 공공 도서관에도 꽂히면 좋겠다.

이 글을 읽는 당신이 친구에게, 동료에게 언제 요긴할지 모를 '꿀팁'이라며 한 권 건네주시길. 그리고 부디 이 책이 필요하지 않도록 건강하시길.

이 책을 함께 쓴 남준규, 박한솔, 박혜영, 전수경 드림

이것도 산재예요?

회사 때문에 아픈지도 모르고 일하는 당신에게

2022년 5월 1일 1판 1쇄 발행 | 2023년 5월 12일 1판 3쇄 발행

글쓴이 노동건강연대
편집 김로미, 박은아, 이경희, 임헌 | **교정** 김성재
디자인 오혜진 | **제작** 심준엽
영업 나길훈, 안명선, 양병희, 조진향 | **독자 사업(잡지)** 김빛나래, 정영지
새사업팀 조서연 | **경영 지원** 신종호, 임혜정, 한선희
인쇄와 제본 ㈜상지사P&B

펴낸이 유문숙 | **펴낸 곳** ㈜도서출판 보리
출판등록 1991년 8월 6일 제9-279호
주소 (10881) 경기도 파주시 직지길 492
전화 031-955-3535 | 전송 031-950-9501
누리집 www.boribook.com | **전자우편** bori@boribook.com

보리는 나무 한 그루를 베어 낼 가치가 있는지 생각하며 책을 만듭니다.

ISBN 979-11-6314-239-3 03300